Erik Enfors

# Sculpturas public in Varberg

# Offentliga skulpturer i Varberg

Svenska Sällskapet för Interlingua

Societate Svedese pro Interlingua

ISBN 978-91-981347-4-2

© Erik Enfors 2017

Societate Svedese pro Interlingua

**Texterna är skrivna på svenska och interlingua. Se på internetsidan**
www.interlingua.nu **om du vill veta mer om interlingua**

### Några offentliga skulpturer i Varberg
### *Acun sculpturas public in Varberg*

Turordningen på objekten är densamma som under en konstvandring, ledd av Roland Svensson 2007-10-27. Den utgick från och slutade vid hamnparkeringen, en sträcka på ca 5 km. Dessutom visas här ytterligare några objekt som inte visades på den vandringen. Den som även vill se objekten, nr 24–25, till fots får bereda sig på en promenad på ytterligare 1,5 km. Slutligen visas här några objekt som inte ligger lika centralt nämligen nr 26–27 på S:t Jörgens kyrkogård (Trädlyckevägen) vilket kräver ca 700 m backig promenad från kyrkogårdens parkering, nr 28 i Stenåsa, nr 29 vid Östergården (Träslövsvägen), nr 30 vid Sjukhuset, nr 31 vid Sparbankshallen samt 32–35 i södra utkanten av staden. Det är lätt att parkera nära dessa objekt (28–35).

**Se kartorna på sista sidorna!**

*Le ordine del objectos es le mesme como durante un excursion de arte a pede, dirigite per Roland Svensson 2007-10-27. Illo comenciava e finiva al parcamento del porto, un distantia de circa 5 km. In plus es hic demonstrate alcun objectos ulterior que non esseva demonstrate durante ille excursion. Ille qui desira vider le objectos no 24–25 a pede debe preparar se pro un promenada ulterior de 1,5 km. Al fin es hic demonstrate alcun objectos que non es situate equalmente central, a saper no 26–27 al cemeterio de Sancte Jörgen (Trädlyckevägen), lo que exige un promenada scarpate de circa 700 m ab le parcamento del cemeterio, no 28 in Stenåsa, no 29 presso Östergården (Träslövsvägen), no 30 al hospital (Sjukhuset), no 31 presso Sparbankshallen e no 32– 35 in le bordo al sud del citate. Il es facile parcar in le vicinitate de iste ultime objectos (28-35)*

**Vide le mappas al ultime paginas!**

**1.Hålrum/*Cavitate/* (2006)**
**2008**
**patinerad brons / *bronzo***
***patinate***
Hamnen, vid Campus
*Le porto, presso Campus*
**Eva Hild**
f. 1966 i Lidköping

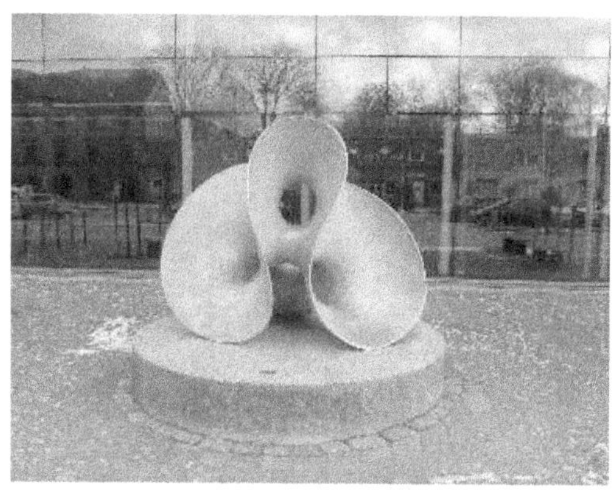

Den första versionen, i rostfritt stål 2006, blev tyvärr snabbt skadad av korrosion men ersattes lyckligtvis, genom konstnärens beundransvärda försorg, med denna nya version i patinerad brons 2008. Konstnären har skapat många andra liknande verk, mest i keramik.

*Le prime version, in aciero inoxydabile 2006, regrettabilemente tosto esseva damnate per corrosion ma esseva fortunatemente substituite, per mediation admirabile del artista, con iste nove version in bronzo patinate 2008. Le artista ha create multe altere obras simile, preferibilemente in ceramica.*

Eva Hild är uppvuxen i Borås och utbildade sig på Högskolan för Design och Konsthantverk i Göteborg 1991–94 och 1996–98 samt på Gerlesborgsskolan 1994–95. Hon gör framför allt skulpturer i vit eller svart stengodslera. De har organiska, non-figurativa former och rör sig mellan inre och yttre rum. Hon bor och arbetar i Sparsör i Borås kommun.

*Eva Hild ha crescite in Borås e esseva educate in le Schola superior de Designo e Artes Industrial in Göteborg 1991–94, 1996–98 e in le Schola de Gerlesborg 1994–95. Illa preferibilemente face sculpturas de argilla blanc e nigre intendite pro potterias. Illos sovente ha formas organic non-figurative e se move inter spatios interne e externe. Illa vive e labora in Sparsör del communa Borås.*

**Några andra offentliga verk/**
*Alcun altere obras public*

"S:t Eriks" (2003), keramisk skulptur och väggutsmyckning på S:t Eriks sjukhus i Stockholm/

*"S:t Eriks" (2003), Sculptura ceramic e decoration parietal al Hospital de maladias ocular de S:t Erik in Stockholm*

"Wholly" (2010), skulptur i aluminium, vid Torggatan i centrala Borås. Med denna fyra meter långa utomhusskulptur medverkade Eva Hild vid Borås Internationella Skulpturfestival 2010.

*"Wholly" (2010), Torggatan, Borås.Con iste quatro m. longe sculptura al aere libere Eva Hild participva in le Festival International de Sculptura in Borås 2010.*

*"Rubato - free flow"* (2015) utanför konserthuset Malmö Live vid kanalen i Malmö.

*"Rubato - free flow" (2014), presso le hall de concertos "Malmö live"al canal in Malmö.*

## 2. Spirande snäcka /"Sädesledaren"/Concha germinante/"Le Conducto Seminal" 1996

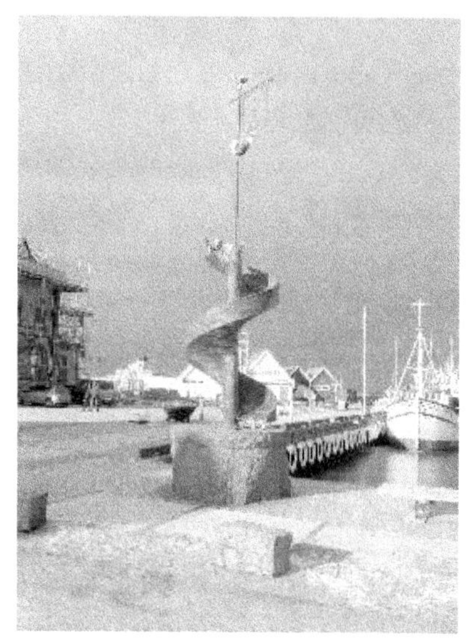

kopparplåt / *placa de cupro*

Hamnen, vid gamla tullhuset/ *Le porto, presso le vetule edificio del doana*

**Walter Bengtsson 1927–1998**

Plåtspiralen har tidigare använts för transport av säckar mellan våningarna i hamnmagasinet (härav det skämtsamma namnet "Sädesledaren").
*Le spiral de placa de cupro ha previemente essite usate pro transporto de saccos inter le etages del magasin del porto. (de isto le nomine jocose "Le Conducto Seminal")*

Walter Bengtsson utbildade sig 1954–58 vid Valands konstskola i Göteborg, för att följande år fortsätta sina konststudier vid Academia de Brera i Milano.
Han invaldes 1971 som ledamot i Konstakademin.
*Walter Bengtsson studiava 1954–58 al Schola de Arte de Valand in Göteborg e post isto in Academia de Brera in Milano.*
*Ille esseva adoptate como membro in Le Academia de Arte (Svedia) in 1971.*

Han debuterade som skulptör 1967 på Liljevalchs konsthall i Stockholm. I början arbetade han med gjuten aluminium, som putsades blank i vissa delar för att få kontrast mot den skrovliga gjutytan. Senare gjorde han konstverk i koppar som sedan förnicklades, patinerades och emaljerades för att få fram olika färger. Han gjorde även träreliefer i furu, till exempel den 22 meter långa "Sommarlov" i Sannarpsgymnasiumets entré.

*Ille debutava como sculptor 1967 in le Galeria de Arte de Liljevalchs in Stockholm. In le initio ille laborava con aluminium fundate que esseva polite in certe areas pro obtener contrasto contra areas fundate rugose. Plus tarde ille faceva obras in cupro que esseva nickelate, patinate e emailliate pro obtener colores differente. Ille tamben faceva relievos de ligno de pino, p.ex. le 22 m. longe "Vacantia estive" in le entrata del Gymnasio de Sannarp*

"Blåsarna" är s.k. huvudfotingar, som först kom till i början av 1970-talet och är speciella för Walter Bengtssons konst. En utställning med dessa blåsare 1976 kallades *"För öga, öra och hand"* och när man rörde dem, så gav de ljud ifrån sig.

*"Le sufflatores" es si-nominate cephalopodos que appareva in le annos 1970 e es significante pro le arte de Walter Bengtsson. Un exposition con iste sufflatores in 1976 esseva appellate "Pro oculo, aure e mano" e quando on los toccava illos emitteva sonos.*

**Några andra offentliga verk/**
**Alcun altere obras public**
"Laxen går upp"/ *"Le salmon migra"*, fontänskulptur, 1958, vid Slottsbron i Halmstad
"Spelrum Futurum"/ *"Spatio-Futurum"*, koppar, nickel och emalj, Kaknästornet i Stockholm
"Sommarlov"/ "Vacantia estive", 1969, Sannarpsgymnasiet i Halmstad
"Drömbanken"/ *"Le banco del sonios"*, målad och patinerad brons och koppar/ *bronzo e cupro pingite e patinate*, 1977, fasadskulptur på gaveln till/*sculptura de faciada sur le faciada lateral de* Falkenbergs Sparbank/*Banca de sparnios* i Falkenberg
"Hertig Knut"/ *"Le duc Knut"*, 1985, fasadskulptur på hörnhuset Klammerdamsgatan/Köpmansgatan i Halmstad/ *sculptura de faciada sur le edificio de angulo a Klammerdamsgatan/Köpmansgatan in Halmstad.*
Läkekonstens historia/*Le historia del medicina*, 1986, entrén till länssjukhuset i Halmstad/ *le entrata al hospital provincial in Halmstad.*

**Ateljé Bastaskär**
I den gamla stenhuggarsmedjan ute vid stranden i Grötvik arbetade Walter Bengtsson i nästan 40 år.och där har man samlat ett hundratal skulpturer, målningar och skisser. */In le vetule ferreria de taliatores de petra al litore in Grötvik Walter Bengtsson laborava durante quasi 40 annos e ibi on ha colligite un centena de sculpturas, pincturas e schizzos.*
Se även nr 13, 28 / Vide tamben no 13, 28.4

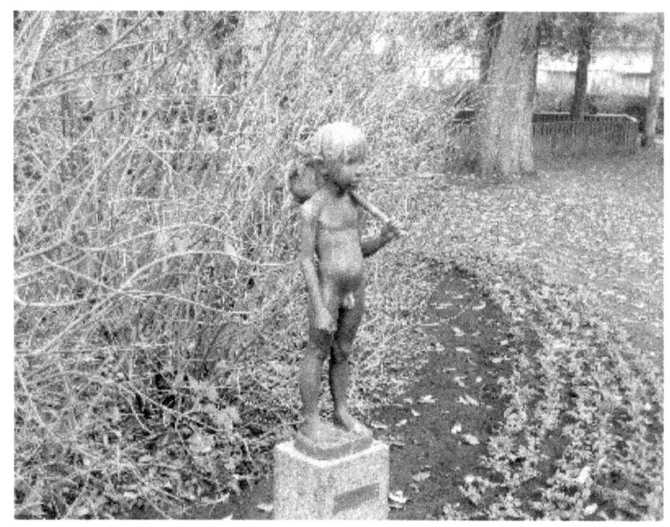

# 3.Gossen med guldgåsen / *Le puero con le oca de auro/* 1950
brons / *bronzo*

Vid nordöstra hörnet av /Al angulo nord-est de Societetsrestaurangen

**Einar Luterkort** (1905–1981)


Efter en saga av H.C. Andersen/
*Secundo un conto del danese H.C. Andersen*

Konstnärens egen berättelse om arbetet löd:
"En liten pojkstackare som behöver en guldgås som en ringa kompensation
för all kärlek och värme han saknar. Låt människor söka upp honom, han är
inte bilden av en storskrävlare som vill synas och få applåder."

*Le narration proprie del artista re le obra esseva:*
*"Un povretto qui besonia un oca de aure como un compensation modeste pro*
*tote le caritate e calor que ille manca. Que homines le contacta, ille non es le*
*imagine de un farfaron qui desira esser vidite e reciper applausos.*

Einar Luterkort utbildade sig vid Kungliga Konsthögskolan i Stockholm 1926-29, École des Beaux-Arts i Paris 1929, Accademia di Belle Arti di Roma 1930 och Akademie der Bildenden Künste i München 1931.

*Einar Luterkort studiava al Schola superior de Arte in Stockholm 1926-29, Ecole des Beaux-Arts in Paris 1929, Accademia di Belle Arti di Roma 1930 e Akademie der Bildenden Künste i München 1931.*

Han arbetade under 1930-talets början vid Uppsala-Ekeby AB i Uppsala med bland annat stora vaser och fat med figurer i relief. På 1940-talet arbetade han för Motala lerkärlsfabrik. I Stockholm hade han egen verkstad i Abrahamsberg. Han var lärare i keramik och skulptur på Viggbyholmsskolan.

*Ille laborava durante le initio del annos 1930 in Uppsla-Ekeby AB in Uppsala i.a. con grande vasos e plattos con figuras in relievo. Durante le annos 1940 ille laborava pro le Potteria de Höganäs. In Stockholm ille habeva su proprie studio in Abrahamsberg. Ille esseva instructor de ceramica  e sculptura in le schola de Viggbyholm*

**Några andra offentliga verk/**
***Alcun altere obras public:***

"Vilande panter"/ *"Panthera reposante"*, brons, 1952, Lövlundsvägen i Nynäshamn

"Vera", Ludvika och parken vid Hasselbackshuset i Uddevalla, 1950-tal

"Karl Erik och Vera" i Mariestad, hans mest omtalade skulptur, 2 nakna ungdomar/ *su sculptura le plus reputate, 2 juvenes nude.*

*"Pojken med guldgåsen",* även i/*tamben in* Kristianstad

## 4. Vattenstenar /*Petras a aqua* 1985

natursten / *petras natural*

**Matti Rylander** (1936–2004)

Societetsparken

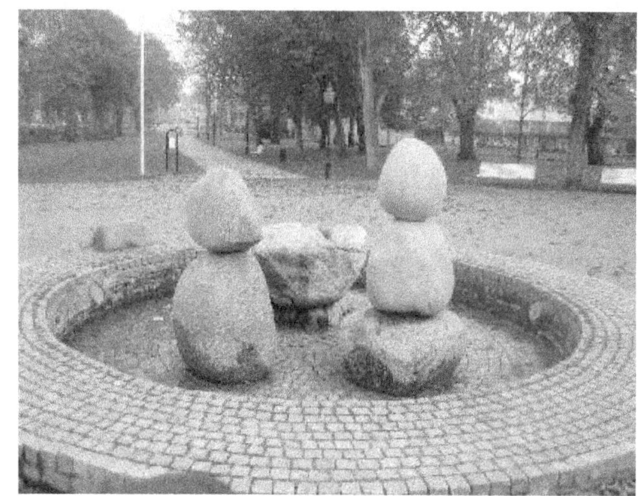

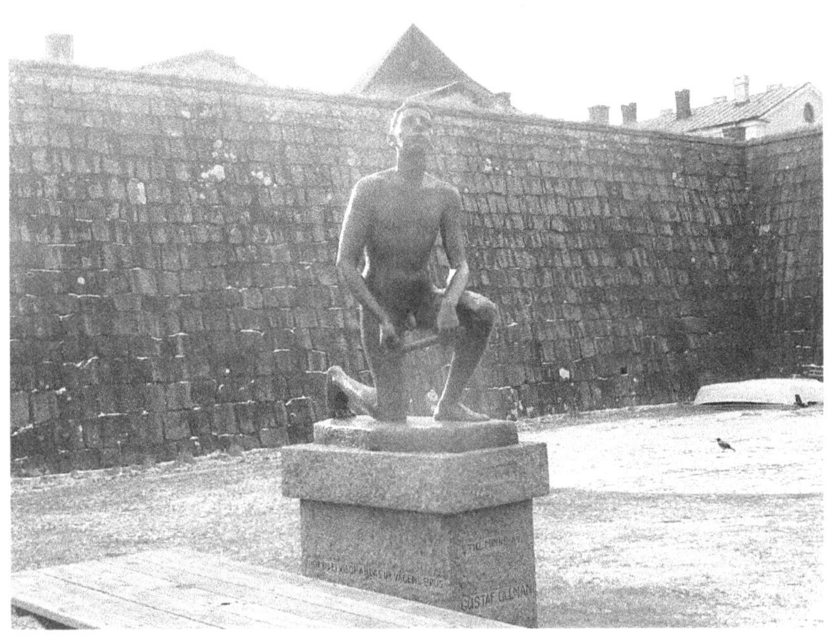

## 5. Gustaf Ullmanstatyn/ *Le Statua de Gustaf Ullman*/1948
brons / *bronzo*

Fästningens norra sida /*Al nord del fortalessa*

### Nanna Ullman
(1888–1964)

Nanna Ullman föddes i Köpenhamn. Dotter till Skagenmålaren Viggo Johansen. Hon utbildade sig i skulptur vid Kunstakademiet i Köpenhamn 1911–1915. På 1920-talet träffade hon den svenske konstnären Sigfrid Ullman (1886–1960), som hon 1929 gifte sig med. Paret flyttade till Göteborg samma år, där Sigfrid Ullman var lärare på Valands målarskola fram till 1938. Han var en av "De unga" (1909 års män) som upplöstes 1911 och inte hade tillåtit kvinnor att ingå. Sigfrid var bror till författaren Gustaf Ullman (1881–1945).

Både Nanna, Sigfrid och Gustaf är begravda på samma plats på S:t Jörgens kyrkogård i Varberg. Graven är dekorerad med porträttreliefer i brons. Se kartbilderna i slutet på häftet. Se även nr 12.

*Nanna Ullman esseva nascite in Copenhagen. Filia del "Pictor de Skagen" Viggo Johansen. Illa studiava sculptura in Kunstakademiet i Köpenhamn 1911–1915. Maritate in 1929 con le pictor Sigfrid Ullman (1866–1960), uno de "Le juvenes" o "Le homines de 1909" que non permitteva participation de feminas ma esseva dissolvite in 1911. E Nanna e Sigfrid e Gustav es interrate in le cemeterio de Sancte Jörgen ubi le tumba es decorate con relievos de bronzo que monstra lor portraites. Vide le mappas in le fin del libretto. Vide tamben no 12*

**Några andra offentliga verk/**
***Alcun altere obras public:***

"Bonden och hästen"/ *"Le fermero e le cavallo"* Varberg *No 12*

"Diskussion", Korsvägen, Göteborg

# 6. Ett 650-årsminne/ *Commemoration del pace ante 650 annos* / 1993

granit / granito/

*Söder om fästningen /Al sud del fortalessa*

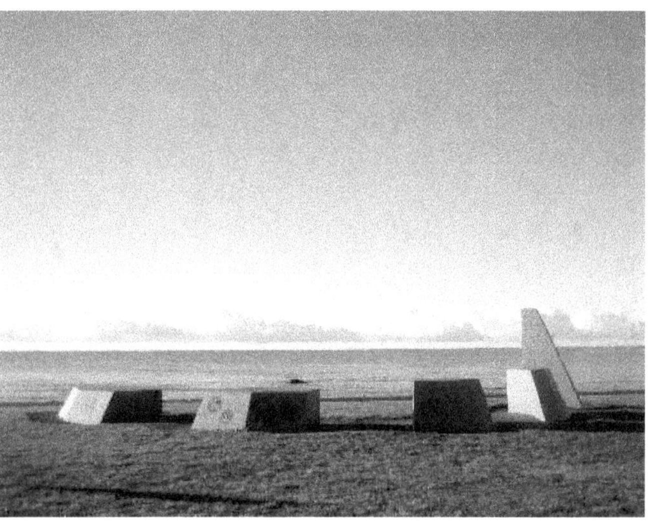

Till minnet av freden och kungavalet av Håkan Magnusson 1343 som ägde rum i fästningen. */Al commemoration del pace e le election del rege Håkan Magnusson 1343 que habeva loco in le fortalessa.*

## Harry Kivijärvi,
1931–2010

Harry Kivijärvi, vars specialområde är stenbehandling, blev en av sin tids mest framgångsrika skulptörer i Finland. Den stora allmänheten lärde känna honom när han 1976 segrade i senare delen av tävlingen om ett minnesmärke över president J. K. Paasikivi

*Harry Kivijärvi cuje specialitate esseva laboration de petras esseva un del plus prospere sculptores de su tempore in Finland. Le grande publico faceva le cognoscentia de ille quando ille in 1976 vinceva in le competition pro un memorial del presidente J.K. Paasikivi.*

## 7. Rantzaumonumentet /*Le monumento de Rantzau/*
## 1938
bronsrelief / *relievo de bronzo*

Rantzauklippan söder om fästningen
*Le Rocca de Rantzau al sud del fortalessa*

### Olaf Christian Stæhr-Nielsen
1896–1969
Relief föreställande den danske härföraren Daniel Rantzau 1529–1569, segraren i slaget vid Axtorna 1565-10-20, som på denna plats 1569-11-11 träffades av en kanonkula i magen. Fästningen var då erövrad av svenskarna.

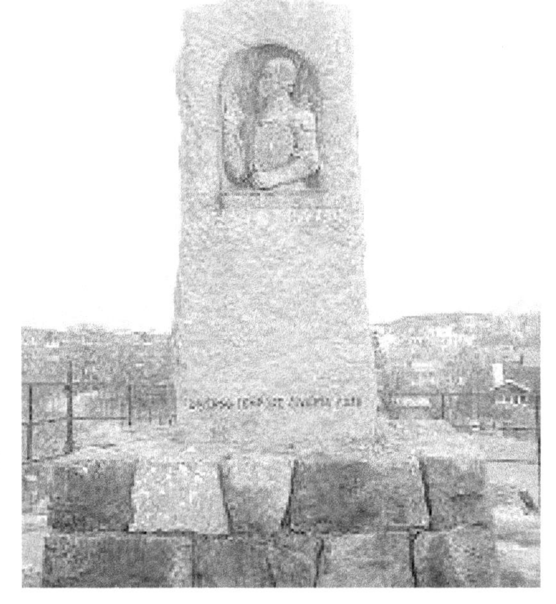

Inskription nedtill på stenen: "DIVERSO TEMPORE DIVERSA FATA" (Skilda tider, skilda öden)

*Relievo con imagine del commandante danese Daniel Rantzau 1529–1569, le vincitor del battalia de Axtorna 1529-10-20, qui in 1569-11-11 sur iste placia esseva colpate in le ventre per un balla de canon. Le fortalessa alora esseva conquerite per le svedeses.*
*Inscription a basso sur le petra: "DIVERSO TEMPORE DIVERSA FATA" (Tempores diverse, destinos diverse).*

### Några andra offentliga verk/
### *Alcun altere obras public:*

Stæhr-Nielsens Videnskabernes Træ, Århus Universitet, keramikrelief

## 8. Kraka
brons / *bronzo*

Mitttemot Bandholtzgatan
16 (=Krabbes väg 8)
*Opposite de /*
*Bandholtzgatan 16*
*(=Krabbes väg 8)*

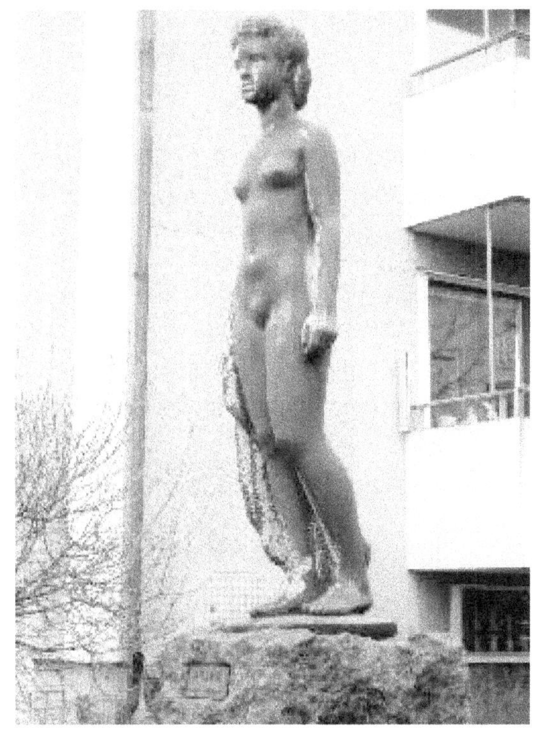

**Gustaf Nordahl** (1903–1992)

"När Ragnar Lodbrok kom med sina skepp och såg Kraka blev han förälskad. För att pröva om hon var så klok som det sagts bad han henne komma naken men ändå påklädd, fastande men ändå inte fastande, ensam men ändå inte ensam. Nästa dag kom Kraka till honom med sitt långa hår och ett fisknät som kläder. Hon hade en lök som hon har bitit i och en liten hund som följde efter henne".

*"Quando le famose viking Ragnar Lodbrok arrivava con su naves e videva Kraka ille esseva inamorate. Pro testar si illa esseva tanto sage como il esseva dicite ille la peteva venir nude ma totevia vestite, jejun ma totevia satiate, sol ma totevia non sol. Le die sequente Kraka veniva a ille con su longe capillos e un rete de pisca como vestimentos. Illa habeva un cibolla sur le qual illa habeva mordite e un parve can que la accompaniava."*

Gustav Nordahl studerade vid Tekniska skolan i Stockholm 1923–25 och senare vid Konstakademien i Stockholm 1928–34 med Carl Milles och Nils Sjögren som lärare.

*Gustaf Nordahl studiava al Schola Technic in Stockholm 1923–25 e al Academia de Arte in Stockholml 1928–34 con Carl Milles e Nils Sjögren como professores.*

Han blev berömd genom att vinna guldmedalj i skulptur vid konsttävlingarna vid Olympiska spelen i London 1948, det sista tillfälle då sådana tävlingar hölls. Priset vann han för *"Homage to Ling"*, "Hyllning till Ling", nu placerad utanför Gymnastik- och idrottshögskolan (GIH) på Östermalm i Stockholm.

*Ille esseva reputate per ganiar medalio de auro de sculptura al concursos de arte al Jocos Olympic in London 1948, le ultime vice pro tal concursos. Le premio ille ganiava pro "Homage to Ling", "Homage a Ling", nunc situate foras le Schola superior de Gymnastica e Athletica (GIH) in Östermalm, Stockholm.*

**Några andra offentliga verk/**
*Alcun altere obras public:*

*Kraka* (1945), marmor, Örebro universitet, samt i brons, Södermalm, Stockholm, Järntorget Eskilstuna

Hyllning till Ling/ *Homage to Ling* (1948), brons, GIH, Lidingövägen 1, Stockholm

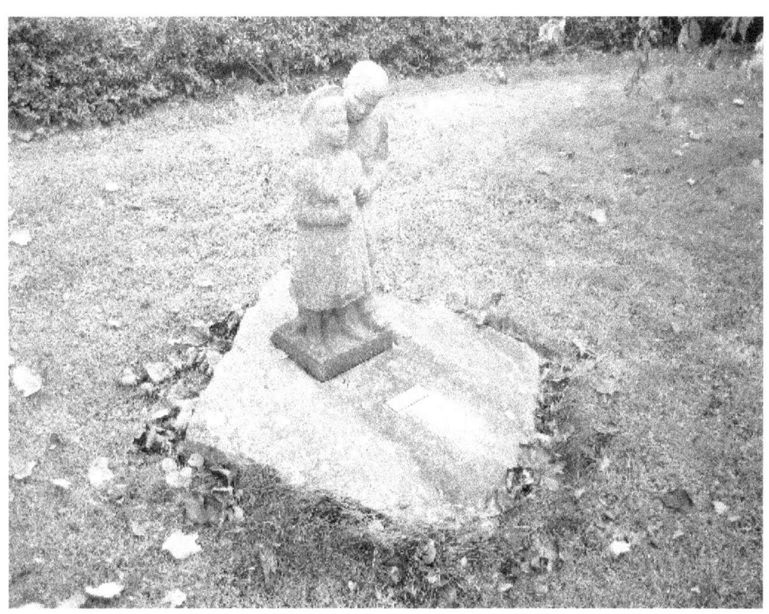

**9. I sommarhagen/ *In le pastura estive*/ 1951**
stengöt / *beton fundite*

**Emil Näsvall** (1908–1965)

Krabbes väg 6–8 (bakom en häck/*detra un haga*)


Han gick i lära hos skulptören Olof Ahlberg i Stockholm och åren 1928–
32 deltog han i kurser på Tekniska skolan och gick ett år på
Konstakademien i Stockholm.
*Emil Näsvall studiava presso le sculptor Olof Ahlberg in Stockholm.*
*Durante le annos 1928–32 ille participava in cursos in Le Schola Technic*
*e un anno ille studiava al Academia de Arte in Stockholm.*

En permanent utställning om Emil Näsvall finns i /
*Il ha un exposition permanente in*
Härjedalens fjällmuseum/*museo montan* i Funäsdalen.

**Några andra offentliga verk/**
*Alcun altere obras public:*

Byst över /*Busto de* Per-Albin Hansson, brons, 1950, Folkets Park vid Vintervägen i Växjö
Byst över /*Busto de* Hjalmar Branting, brons, 1950, Folkets Parks entré, Folkparksvägen i Växjö
Byst över/ *Busto de* Jussi Björling, brons, Jussi Björling-museet i Borlänge
"Maj", samma i brons/ le *mesmo in bronzo*, August Wahlströms väg, Danderyd kommun;

Se även nr 16
*Vide tamben no 16*

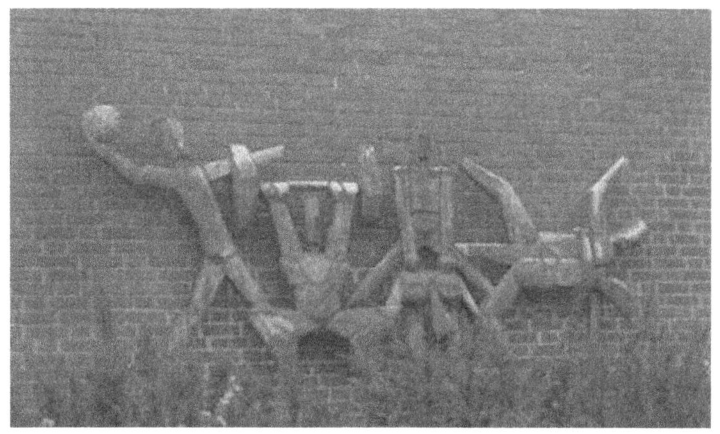

## 10. Idrottsmotiv/ *Motivo athletic/* 1964
brons / *bronzo*     Idrottshallen / *Le sala sportive*    Danska vägen

## Bertil Lundgren f. 1934 Varberg
Bertil Lundgren arbetade som lärare vid Malmö konsthögskola och från 1966 vid Konstindustriella skolan i Göteborg fram till 1974. Han var därefter anställd på Rörstrands porslinsfabrik i Lidköping 1974–1979.

*Bertil Lundgen laborava al "Schola de Arte de Malmö" e ab 1966 al "Schola de Arte Industrial de Göteborg" usque a 1974.  Post isto ille esseva empleate al "Fabrica de Porecellana de Rörstrand" in Göteborg 1974–1979.*

Bertil Lundgren var också initiativtagare till skapandet av Rörstrands museum och var själv föreståndare där under perioden 1976–1999/ *Bertil Lundgen tamben esseva le initiator del creation del Museo de Rörstrand e esseva ipse su director 1976–1999.*

Han har gjort ett flertal offentliga utsmyckningar, bl.a. / *Ille ha facite plure decorationes public, i.a.:*

"Maternité Gåsagången" 1971, Hisings-Backa
"Jesus- Den treenige Guden" 1972 vid Skårs kyrka

## 11. *Askungen/ Le Cinderella/* 1950

vit marmor / marmore blanc

Drottning Blankas plats/
*"Le Placia del regina Blanca"*

**Stig Blomberg** (1901–1970)

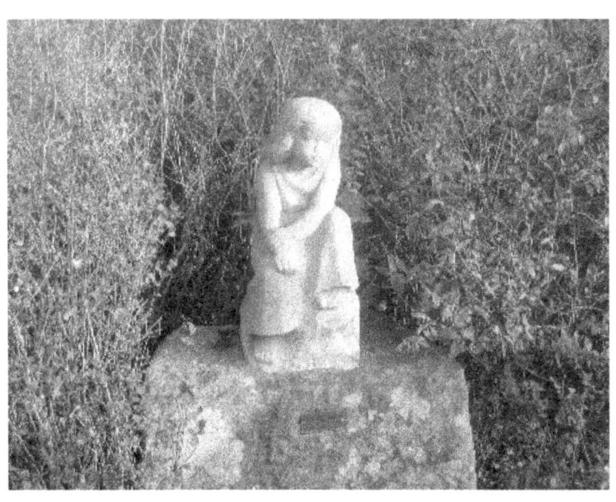

Stig Blomberg studerade vid Konsthögskolan i Stockholm. År 1923 erhöll han kunglig medalj och stipendium för resor till Italien, Spanien, Frankrike, Afrika och USA perioden 1927–30. Han vistades bland annat i Paris och studerade där på Maison Watteau.

*Stig Blombeg studiava al "Schola superior de Arte" in Stockholm. In   1923 ille recipeva medalia regal e stipendio pro viages a Italia, Espania, Francia, Africa, e SUA durante 1927–1930. Ille sojornava i.a. in Paris e studiava ibi in Maison Watteau.*

Till Konsthögskolan återkom han åren 1951–61 som professor. Han skulpterade gärna barn och ungdom med humor och glädje. Runt om i Sverige finns hans verk. Han var också bokillustratör under pseudonymen "T Arvidsson".

*Retornava al "Schola superior de Arte" 1951–61 como professor. Con placer ille sculpturava infantes e juvenes con humor e gaudio. Ubique in Svedia il ha su obras. Ille tamben nesseva illustrator de libros con le pseudonymo "T Arvidsson"*

Stig Blomberg tilldelades en bronsmedalj i skulptur för verket "Tampande pojkar" vid konsttävlingarna vid Olympiska spelen i Berlin 1936/ *Stig Blomberg esseva tribuite con un medalio de bronzo pro le obra "Pueros combattante" al concursos de arte al "Jocos Olympic in Berlin 1936*

Samma skulptur finns även i Kålltorp, Skövde och Kristianstad/
*Le mesme sculptura se trova tamben in Kålltorp, Skövde e Kristianstad.*

## 12. Hästen och bonden/*Le cavallo e le paisano*/1965
brons / *bronzo*

Kvarnliden, Södra vägen, mittemot Rosenfredsskolan

*Kvarnliden, S. vägen, Opposite del Schola de Rosenfred*

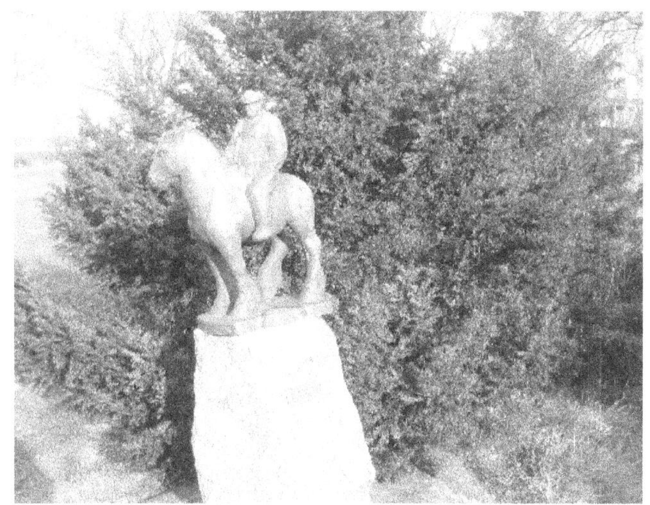

**Nanna Ullman** (1888–1964)

Nanna Ullman föddes i Köpenhamn. Dotter till Skagenmålaren Viggo Johansen. Hon utbildade sig i skulptur vid Kunstakademiet i Köpenhamn 1911–1915. På 1920-talet träffade hon den svenske konstnären Sigfrid Ullman (1886–1960), som hon 1929 gifte sig med. Paret flyttade till Göteborg samma år, där Sigfrid Ullman var lärare på Valands målarskola fram till 1938. Han var en av "De unga" (1909 års män) som upplöstes 1911 och inte hade tillåtit kvinnor att ingå. Sigfrid var bror till författaren Gustaf Ullman (1881–1945).

*Nanna Ullman esseva nascite in Copenhagen. Filia del "Pictor de Skagen" Viggo Johansen. Illa studiava sculptura in Kunstakademiet i Köpenhamn 1911–1915. Maritate in 1929 con le pictor Sigfrid Ullman (1866–1960), uno de "Le juvenes" o "Le homines de 1909" que non permitteva participation de feminas ma esseva dissolvite in 1911.*

*Se mer i* **nr 5**
*Vide plus in no 5*

## 13. Apollon/1996

Gavelfasaden på Snidaregat. 6

**Walter Bengtsson**
1927–1998

Detta verk var avsett för Halmstads kommun men man refuserade det och det tillhör nu Göran Lindebergs Fastighetsförvaltning.

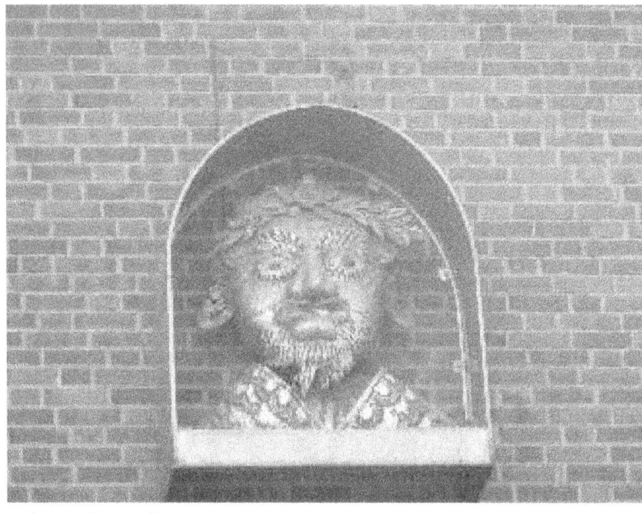

*Iste obra esseva intendite pro le communa Halmstad ma on lo refusava e illo nunc pertine a Göran Lindebergs Fastighetsförvaltning.*

**Se mer i nr 2, 28**
*Vide plus in no 2, 28*

## 14. Surfaren/ 2016

Brons, cortenstål/*Bronzo, aciero de Corten*
Husvägg/ *Muro de casa*, Ö. Vallgatan 91, mittemot östra änden
på/*opposite del fin est de* Bäckgatan, kvarteret/*quartiero* Lorensberg

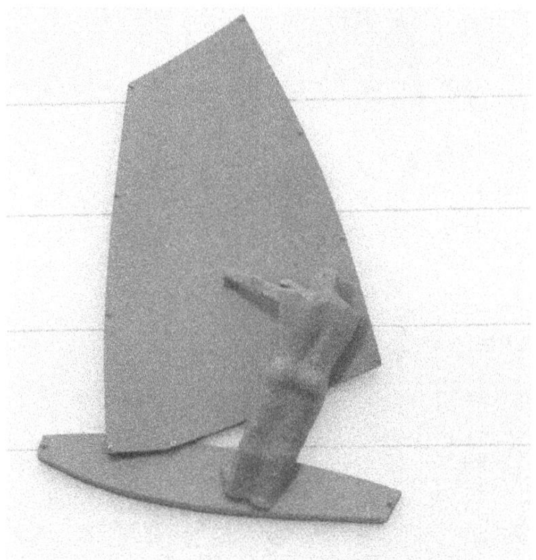

## Thord Tamming f. 1939

http://thordtamming.se/

## Andra offentliga verk i Sverige/
### *Altere obras public in Svedia:*

"VM Fri Idrott", bronsskulptur på en 3,4 m hög granitsockel, Ullevigatan,
nordost om Ullevi i Göteborg. Symboliseerar stavhopp, höjdhopp och
häcklöpning.

*"Campionato Mundial de Athletico". Sculptura de bronzo sur un 3,4 m alte
socculo de granito. Ullevigatan, nord-est de Ullevi in Göteborg. Illo symbolisa
salto con pertica, salto in alto e cursa super hagas.*

## 15. Musica/ 1994
brons/ *bronzo*

Lorensberg, utanför
Kvantum

**Peter Mandl** f.
1947, Prag

Studerade 1962–
1966 på College of
Glass Art på Zelezny
Brod, Czechoslovakia.
1966–1967.
Studerade på
Konstfack i Stockholm
1969–1972.

**Några andra offentliga
verk/**
*Alcun altere obras
public*

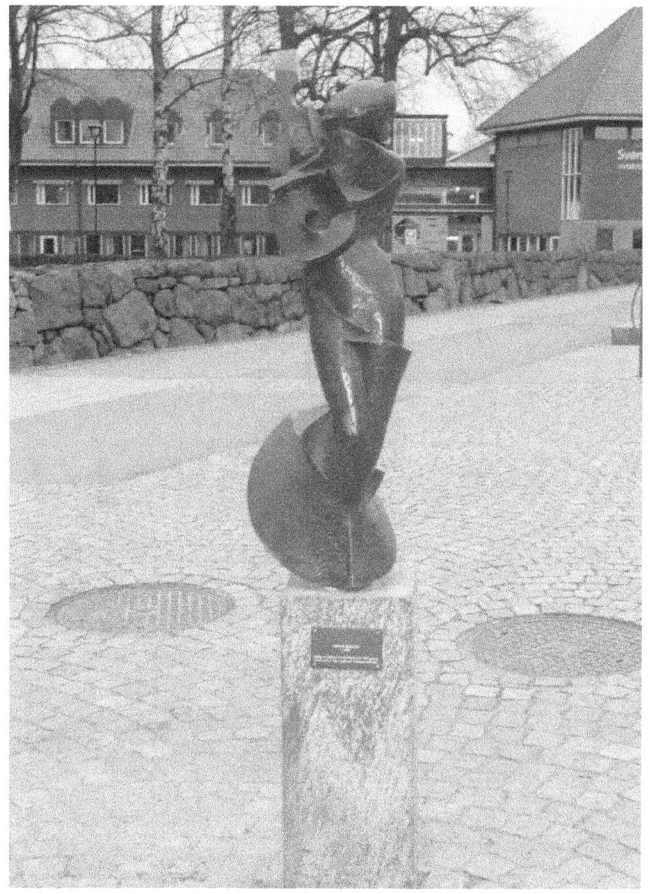

"Fyrvaktare" i
Halmstad/
*"Guardiano de pharo"*
"Hebe" (1992), brons, Vårdcentralen/*Centro MedicoSocial*,
      Urmakaregatan 2 i Falkenberg
"Kassandra" (1996), Höllvikens skulpturpark
"Kvinnogestalt" *"Figura feminin"* (1988), brons, S:t Jörgens
     kyrkogård/*cemeterio* de St Jörgen i Varberg (no 26)
 "Oasen", brons, vid HFAB:s bostadskvarter Klotet i Halmstad


Se även nr 27
Vide tamben no 27

## 16. Badande ungdom/ Juvenenes baniante/ 1937

brons / *bronzo*

Torgfontänen, Varberg
*Le fontana sur le placia de Varberg*

Varbergs fösta offentliga skulptur/ *Le prime sculptura public in Varberg*

**Bror Marklund** (1907–1977)
1928 blev han  elev till Carl Milles och Nils Sjögren vid Konstakademien. 1934–36 företog han en resa till Italien och Frankrike som stipendiat.

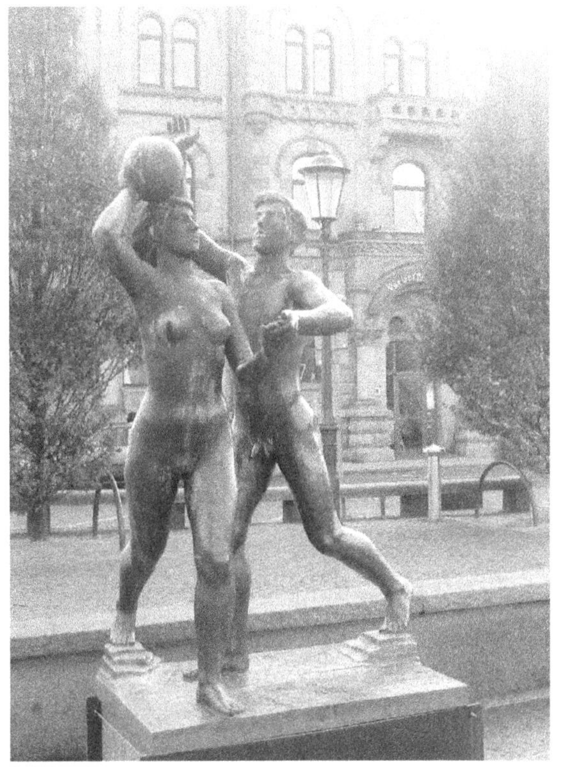

*In 1928 esseva Marklund alumno de Carl Milles e Nils Sjögren al Academia de Artes.  1934–1936 ille faceva un viage a Italia e Francia como stipendiato.*

1938 vann han en tävling om bronsportar till Historiska Museet vilket gjorde honom till en av sin samtids mest berömda konstnärer. Portarna har mottot "Fädernas arv" 1939–1952 och är inspirerade av Jan Fridegårds roman *Trägudars land* (1940) och Picassos målning *Guernica*.

*In 1938 ille ganiava un concurso re portas del Museo Historic lo que le faceva al plus reputate artista contemporanee. Le portas ha le motto le "Patrimonio paternal" e es inspirate i.a. per le roman "Pais de Deos de Ligno" (1940) per Jan Fridegård e le pinctura "Guernica" per Picasso.*

1953 blev han ledamot av Konstakademien och 1959 efterträdde han Bror Hjorth som professor i teckning vid Konsthögskolan.

*In 1953 ille deveniva membro del Academia de Arte e in 1959 ille succedeva Bror Hjort como professor de designo al Schola superior de Arte.*

**Några andra offentliga verk/**
**Alcun altere obras public**

Sittande gosse/*Puero sedente* (1936), brons, utanför Norrköpings konstmuseum, Odenplan i Stockholm och vid torget i Västertorp, Stockholm
Thalia (1944), brons (tidigare gips/*previemente gypso),* foajén till Malmö Stadsteater
Flyktingmonumentet/*Le monumento del refugiatos* i Sibbarp i Malmö (1950), granit
Mor och barn/*Matre e infante* (1956), brons, innegården i Kanslihuset vid/*le corte al casa de governamento a* Mynttorget

## 17. Maj/ 1951
brons / *bronzo*

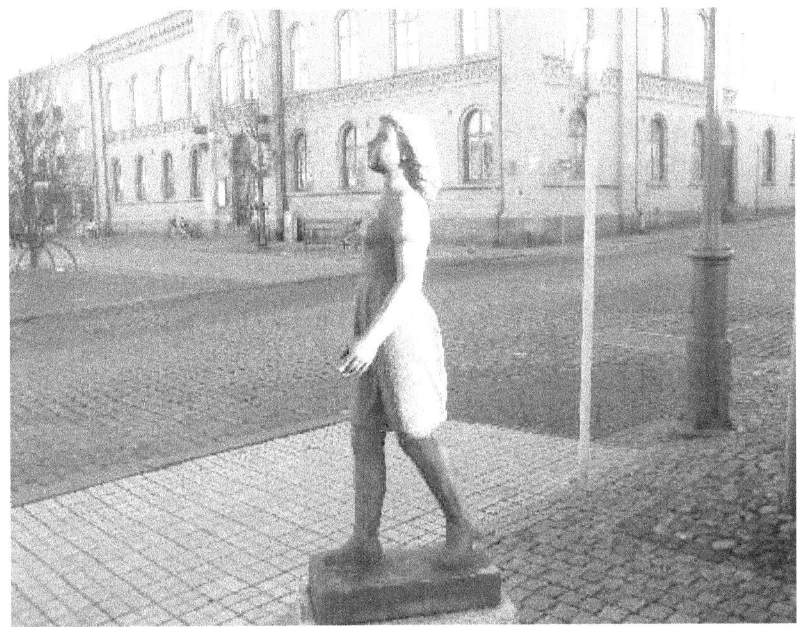

Utanför Sparbanken, vid Drottninggatan
*Foras de Sparbanken presso Drottninggatan*

**Emil Näsvall** (1908–1965)

**Se mer i nr 9**
*Vide plus in  no 9*

**18. Gäddleken/*Le joco del lucio*/ 1955**
Brons / bronzo /

Utanför Sparbanken, vid Kungsgatan
*Foras de Sparbanken, presso Kungsgatan*

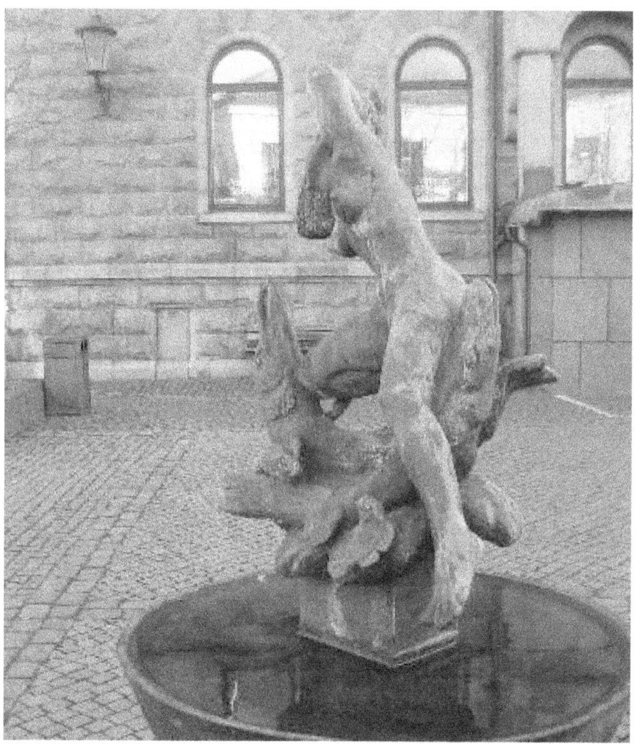

**Clarence Blum** f. 1897 Liverpool d.1984 Täby

Blum utbildade sig vid Konstakademien i Stockholm och i Dresden,
Paris och Florens. Han gjorde framför allt skulpturer i intimt format.

Ille studiava al Academia de Arte in Stockholm, Paris, e Florens.
Primarimente ille faceva sculpturas de formato intime.

**Några andra offentliga verk/**
*Alcun altere obras public*

Eastmanfontänen utanför Eastmaninstitutet i Stockholm (1936), brons
och marmor  https://sv.wikipedia.org/wiki/Eastmanfont%C3%A4nen

Dansen går/Le dansa Malmö stadsteater/*theatro municipal*
Fiskegumma/*vetule piscatora* (1949), granit, Norra Vallgatan vid
Älvsborgsbron i Malmö
Gäddleken/*Le joco del lucio* (1962), brons, Turebergstorg i Sollentuna
Flickan med hopprepet/*Le puera con le corda a saltar* (1967), brons,
Högalidsparken i Stockholm
Flicka med vattenkruka/*Le puera con le jarra a aqua*, brons,
Brageskolan i Enebyberg

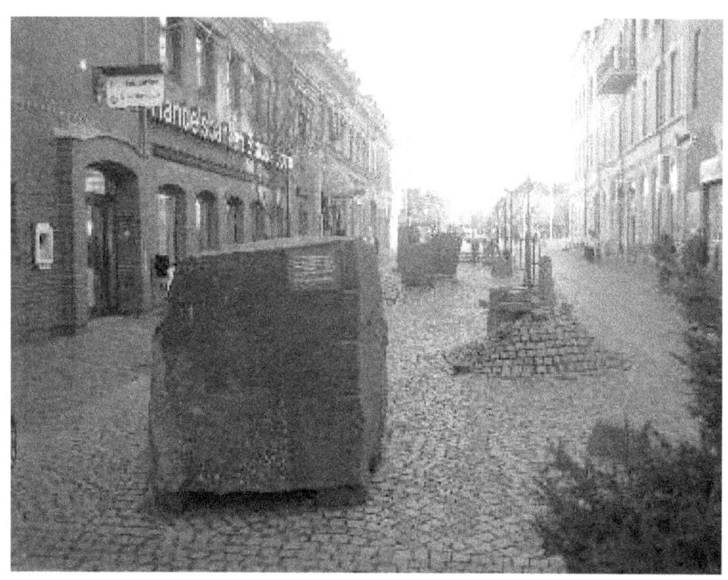

## 19. Klyvning /*Findimento*/ 1992
charnockit / charnockite, Torggatan

Stenarna är av charnockit (Varbergsgranit) som är grönaktig. Sparbankshusets sockel är också av charnockit. *Charnockit* är "Hallands landskaps-sten". Stenbrytning är ett arbete som har varit mycket viktigt förr i tiden i Varberg och detta verk påminner om den perioden. Det demonstrerar även tekniken med detta arbete. I bakgrunden finns flera andra delar av detta verk. (Detaljbilden till höger visar ett en del av Sparbankens sockel och är kopierad från bilden på nr 17)

*Le petras es facite de charnockite (Granito de Varberg) que es verdastre. Le base de Sparbankshuset tamben consiste de charnockite. Charnockite es le "Petra del provincia" del provincia Halland ubi Varberg es situate. Extraction de petras es un labor que ha essite multo importante in tempores passate in Varberg e iste obra de arte rememora a ille periodo. Illo tamben demonstra le technica de iste labor. In le fundo il ha plure altere partes de iste obra.* (Le parve imagine al dextere monstra un parte del base del Banca sur le imagine de no 17)

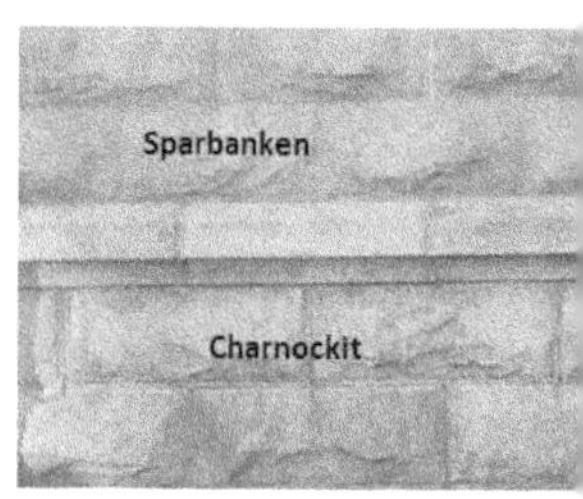

**Roland Ohlsson**
f.1944    Varberg

Roland Ohlsson fick sin konstnärliga utbildning vid Hovedskous målarskola i Göteborg mellan 1965–70.

*Roland Ohlsson recipeca su education artistic al Hovedskou Schola de Pictura (plus tarde appellate le Schola de Pictura de Göteborg) in Göteborg 1965–70*

Se även nr 32, 34
Vide tamben no 32, 34

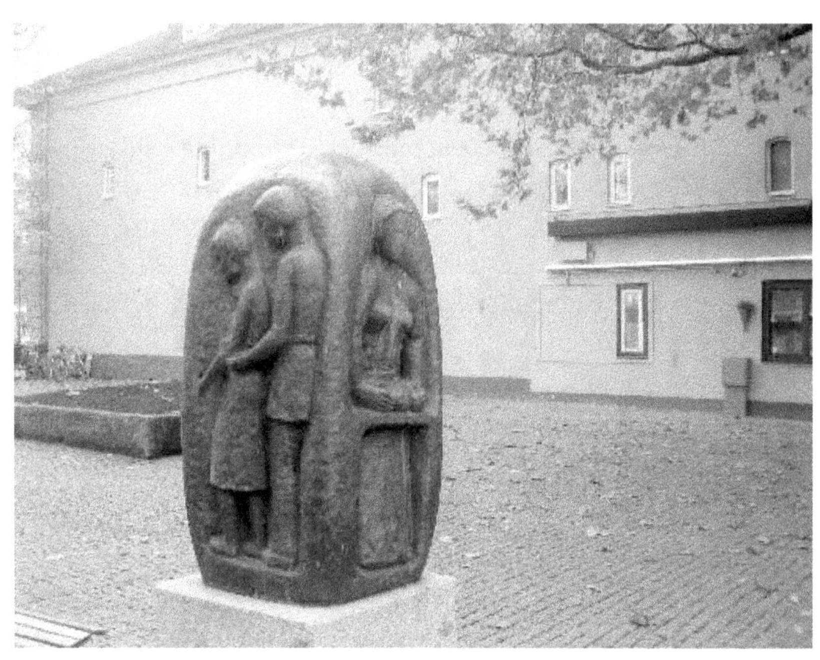

## 20. Livscykeln/ *Le cyclo del vita/* 1975
brons / *bronzo*

Brunnsparken (Kyrkogatan)

**Peter Bernhard Ben Andersson** (1898–1983)
Halmstad

De fyra sidorna av skulpturen skildrar fyra viktiga skeden i livet.
*Le quatro lateres del sculptura describe quatro phases importante del vita.*

Han studerade i USA och Frankrike. Han tillhörde samma grupp som Arvid Carlson, Erik Sköld, Ansgarius Börjesson och Tholild Olsson/
*Ille studiava in SUA e Francia e pertineva al mesme gruppo como Arvid Carlson, Erik Sköld, Ansgarius Börjesson och Tholild Olsson.*

"Laxbrunnen"/"*Le fonte del salmon*", i Falkenberg, även kallad Laxakalle, bronsfontän. 1936 Fontänen är en donation av trädgårdsmästaren/*jardinero* O. Eskilsson.
Reliefer på nya Rådhuset i Halmstad/
*Relievos sur le Domo Municipal de Halmstad.*
Granitbyst/*Busto de granito* på Katrinebergs folkhögskola
Målning i Halmstads Rådhus/
*Pinctura in* le *Domo Municipal de Halmstad.*

"De fyra årstiderna"/ "Le quatro stationes de anno", 1957 i Kyrkparken/*Parco del ecclesia* Gislaved.

## 21. Torellbrunnen
### */Le fonte de Torell/* 1970
Utanför Gallerian,
V. Kvarngatan
*Foras de
Gallerian, V.
Kvarngatan*

### Edvin Öhrström
(1906–1994)
Halmstad

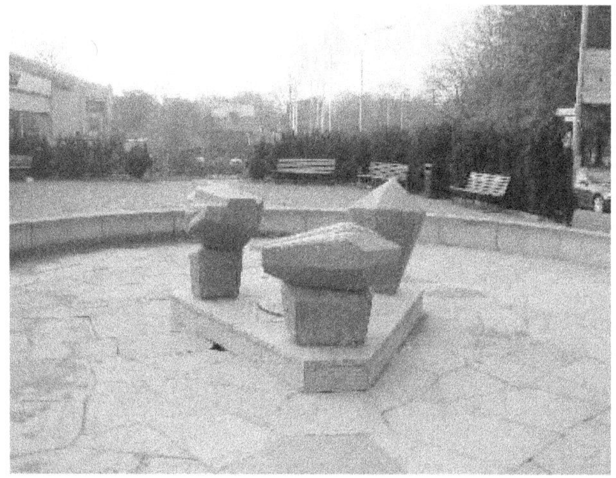

Till minne av geologen och polarforskaren Otto Torell 1828–1900.
Öhrström som är en av Sveriges mest berömda konstnärer har även
gjort den 37 m höga "Kristall, vertikal accent i glas och stål "på Sergels
torg i Stockholm.
http://www.aviewoncities.com/gallery/showpicture.htm?key=kvesv06
58

Se även nr 24

*Al memoria del geologo e explorator polar Otto Torell 1828–1900.
Öhrström qui es un del plus famose artistas de Svedia tamben ha facite
le 37 m alte "Kristall, accento vertical de vitro e aciero" sur le "Placia de
Sergel" in Stockholm.*
http://www.aviewoncities.com/gallery/showpicture.htm?key=kvesv06
58

*Vide tamben no 24*

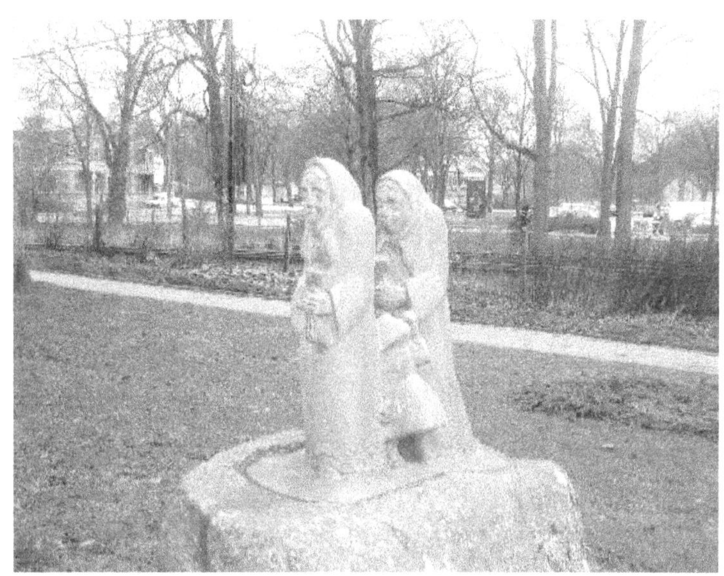

## 22. På kyrkstigen /Sur le sentiero al ecclesia/ 1944

**granit/*granito***

Engelska parken

**Erik Nilsson** (1903–1982)
Halmstad

**Erik Nilsson**, född 1903 i Harplinge i Halland, död 1982 i Harplinge

Åren 1928 till 1931 studerade han hos arkitekt Sigfrid Ericson på Slöjdföreningens skola i Göteborg. Hösten 1931 åkte Nilsson till Paris och studerade hos Charles Despiau. Sommaren 1932 återvände han till Harplinge för att som bildhuggare skapa sin egen framtid. Tillsammans med sin familj bodde han kvar där till sin död. Han utförde många skulpturer med religiösa motiv till ett flertal kyrkor i Halland och Västergötland.År 1931 tillverkade Nilsson en dopfunt i keramik till Snöstorps kyrka efter arkitekt Harald Wadsjös ritningar. De övriga tretton dopfuntar som Nilsson utförde till olika kyrkor tillverkades efter hans egna idéer och ritningar. Den kyrka som rymmer flest arbeten av Nilsson är Olaus Petri kyrka, Halmstad

## 23. Stilla rörelse /*Movimento lente/ 2012*
Aluminium

Engelska parken, Mittemot Torellbrunnen/*Parco anglese, Opposito de no 19 Torellbrunnen*

**Inger *Maria* Miesenberger**, f. 1965 i Svalöv

Dessa tre verk syns samtidigt / *Iste tres obras on pote vider in e mesme tempore.*

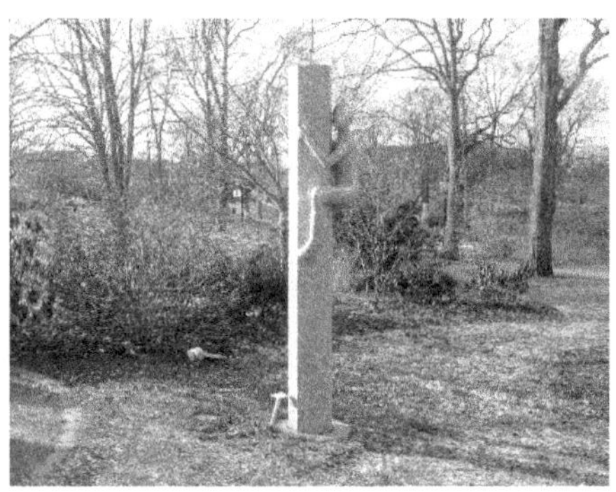

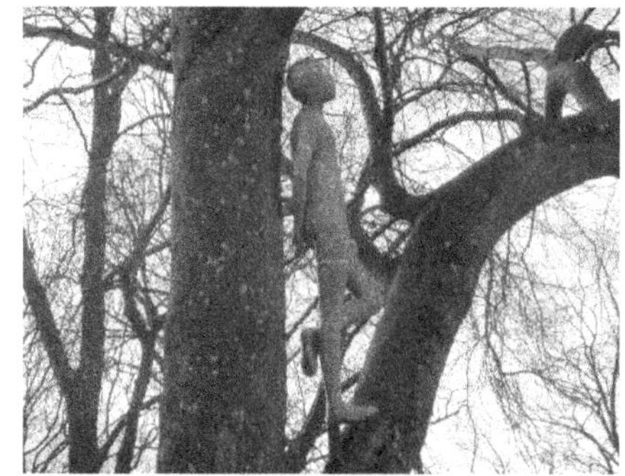

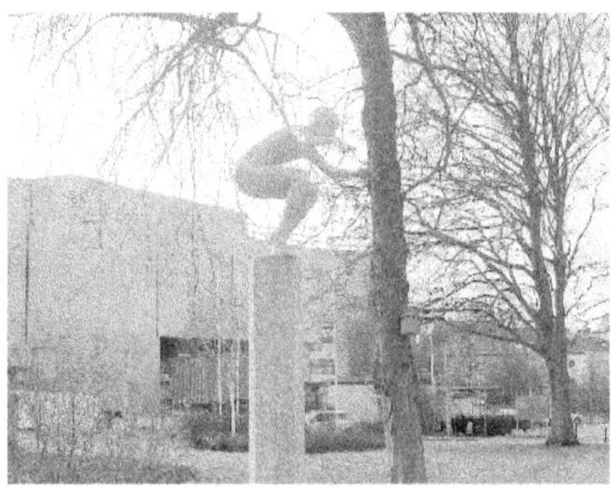

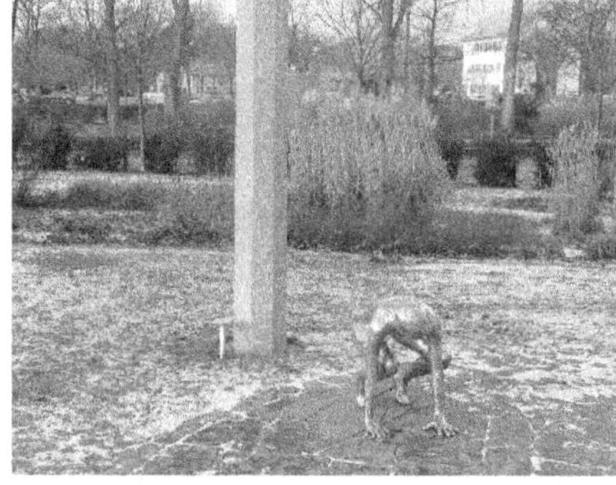

**24.Vårflickan / Le puera primaveral /1950**
brons / *bronzo*

Parken ovanför
Folkets Hus.
*Le parco supra
Folkets Hus (Le
Casa del Populo)*

*Iste sculptura
tamben existe in
le Domo
Municipal de Halmstad.*

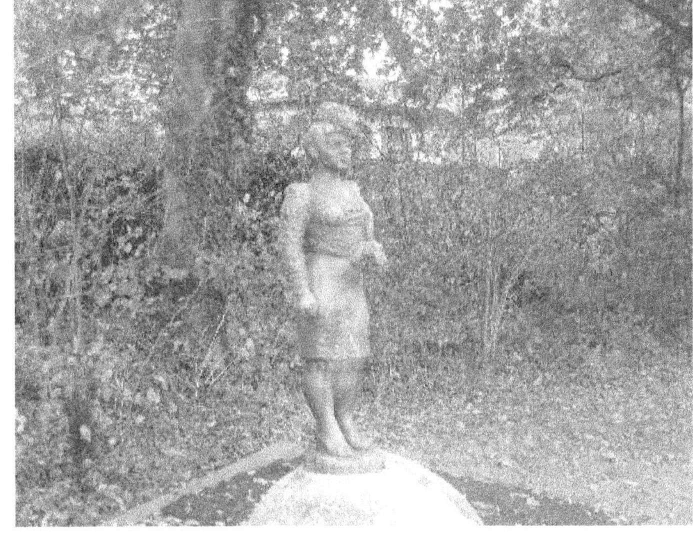

**Edvin Öhrström** (1906–1994)

Se även nr 21
*Vide tamben no 21.*

Öhrström som växte upp i Halmstad studerade vid Tekniska skolan i Stockholm 1925–28 och på skulpturlinjen på Konsthögskolan i Stockholm 1928–31 med Carl Milles och Nils Sjögren som lärare. 1932 började han studier på olika akademier i Paris och 1936–57 fick han genom förmedling av Edward Hald periodvis arbete på Orrefors glasbruk. Där använde han sig ofta av arielteknik som uppfunnits tillsammans med mästaren Gustaf Bergkvist och konstnären Vicke Lindstrand. Senare arbetade han också på Lindshammars bruk där han utvecklade tekniken med prismor i ädelstensfärger.

*Edvin Öhrström qui cresceva in Halmstad studiava in le "Schola Technic" de Stockholm 1925–28 e in le disciplina sculptura del "Schola Superior de Arte" in Stockholm 1928–31 con Carl Milles e Nils Sjögren como professores. In 1932 ille commenciava studios in Paris in academias differente e 1936–57 ille per mediation de Edward Hald periodicamente laborava in le crystalleria Orrefors ubi ille sovente usava le technica ariel que habeva essite inventate insimul con le maestro Gustaf Bergkvist e le artista Vicke Lindstrand. Plus tarde ille tamben laborava in le crystalleria Lindshammar ubi ille devellopava le technica con prismas con colores de gemmas.*

Han segrade i en tävling om utsmyckning av fontänen på Sergelstorg. Det var en 37,5 m hög obelisk i stål och betong med 80 000 glasprismor. Verket vägde 130 ton och invigdes 1974. Namnet blev "Kristall, vertikal accent i glas och stål" Konstnärens avsikt hade varit att den skulle illumineras inifrån men det dröjde ända till 1993 innan det kunde ske då fyra strålkastare med metallhalogenlampor installerades. 2016 påbörjades en sedan länge behövlig rengöring av obelisken som då fick monteras ner helt och hållet.

*Öhrström ganiava un concurso concernente un decoration de Sergels Torg in Stockholm. Illo esseva un 37,5 metros alte obelisco de aciero e beton con 80´000 prismas de vitro. Illo pesava 130 tonnas e esseva inaugurate in 1974. Le nomine esseva "Kristall, accento vertical de vitro e aciero". Le intention del artista habeva essite que illo deberea esser illuminate de intra ma isto esseva effectuate solmente in 1993 quando quatro projectores con lampas de metallohalogen esseva installate. 2016 on comenciava un mundification que habeva essite necesssari desde longe tempore e alora illo debeva esser dismontate completemente.*

**Ett litet urval av hans många konstverk**
**Un parve selection de su multe obras**

Kristalll, vertikal accent i glas och stål/*Crystallo accento vertical de vitro e aciero* (1974), Sergels torg i Stockholm
http://www.aviewoncities.com/gallery/showpicture.htm?key=kvesv0658

Thalias två ansikten (1944) /*Le duo visages de Thalia*,, Malmö Stadsteater
Hattmakargatan 12 i Gävle
Vid sjukhusets grindar (1945) /*Al portas del hospital,* röd granit/ *granito rubie*, Karolinska Universitetssjukhuset Solna
Ungdom/*Juventute* (1951), Vindelgatan 21–24 i Borås
Kungamötet/ *Le incontro del reges* (1952), granit, Stora Torg i Halmstad

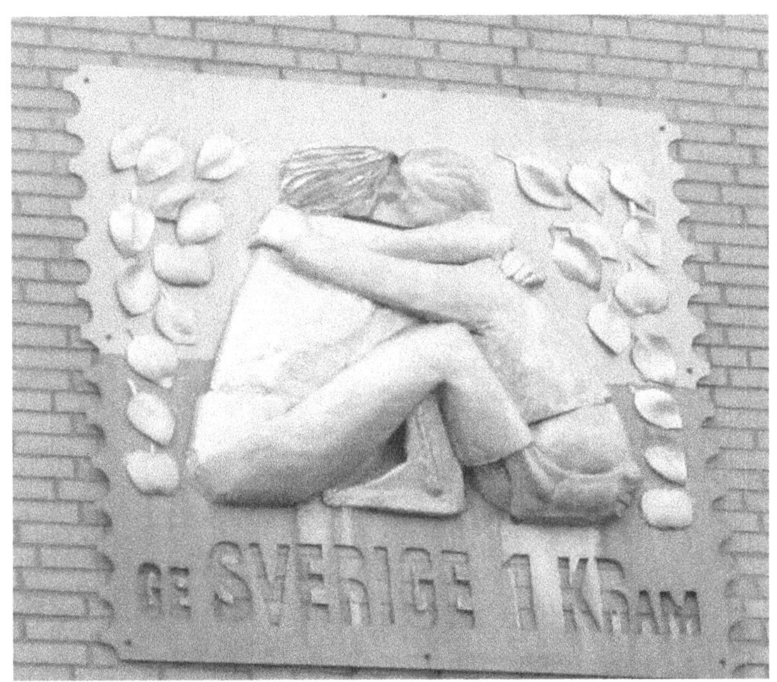


## 25. *Kram* /Imbracio/ 1983

(Gavelfasaden på Borgmästargatan 29
*Le faciada lateral al Borgmäsargatan 29)*

Tillfälligt flyttad 2017/ *Provisorimente movite 2017*

**Lennart Linjer f. 1935**
Varberg

Verket har formen av ett svenskt frimärke med valören 1 Kr. Texten är:
"Ge Sverige 1 KRam"

*Le obra ha le forma de un timbro svedese con le valor 1 Kr. Le texto es:*
*"Da Svedia 1 umbracio (kram)"*

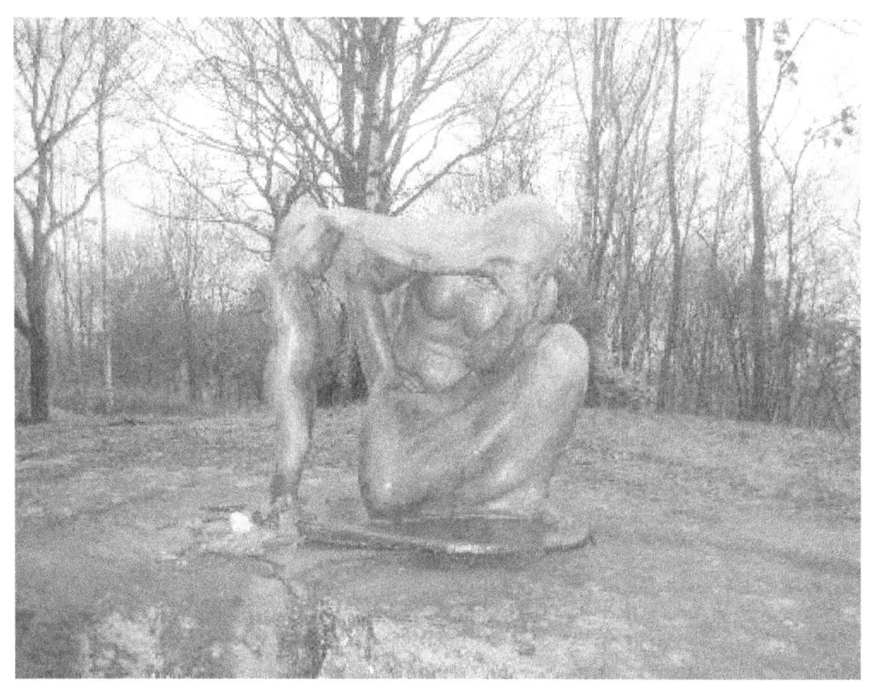

## 26. Sörjande moder /*Matre lugente*/1978
brons / *bronzo*

**Tore Heby** f. 1933

S:t Jörgens kyrkogård
(långt upp nära vattentornet)
*Le cemeterio de Sancte Jörgen*
*(lontano in supra vicin al turre de aqua)*

Tore Heby studerade måleri vid Konsthögskolan i Stockholm 1956–1961 och skulptur vid École des Beaux-Arts 1965–1970. Han blev uppmärksammad i slutet av 1960-talet, bl.a. genom det unika krucifix han skapade till Falkenbergs kyrka. Tore Heby var representerad vid samtliga skulpturbiennaler med temat mänskliga former "Formes Humaines" på Musée Rodin i Paris under åren 1970–1982.

Tore Heby studiava pictura al Schola superior de Arte in Stockholm 1956–61 e sculptura a École des Beaux-Arts 1965–1970. Ille esseva reputate al fin del annos 1960, i.a. per le crucifixo uniq que ille creava pro le ecclesia in Falkenberg. Ille esseva representate a omne biennales de arte con le thema "Formas human" al museo Rodin in Paris durante le annos 1970–82

**Några andra offentliga verk/**
*Alcun altere obras public:*

Himlajord, vid Falkenbergs Stadshus entrétrappa/*entata del Domo municipal,*
Krucifix Falkenbergs kyrka,
Predikstol, skulpturalt utförd /*Cathedra sculptural*, St. Laurentie kyrka
Syskon/*Fratres e sorores* Varbergs lasarett.

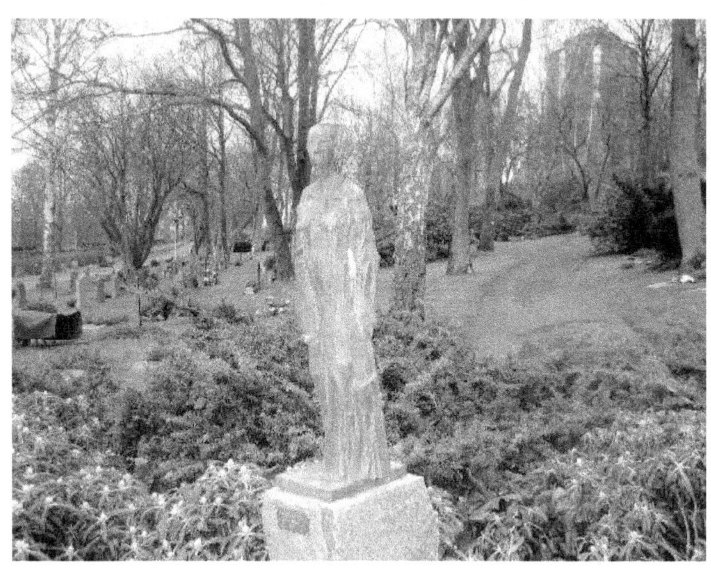

**27. Kvinnogestalt /*Figura feminin*/ 1988**
brons / bronzo /

**Peter Mandl** f*ödd i Prag* 1947 nascite in Praha *1947*)

S:t Jörgens kyrkogård (på sluttningen från vattentornet ner mot
Gödestadsvägen)
*Le cemeterio de Sancte Jörgen (sur le inclination verso le strata
Gödestadsvägen)*

**Se mer i nr 15**
*Vide plus in no 15*

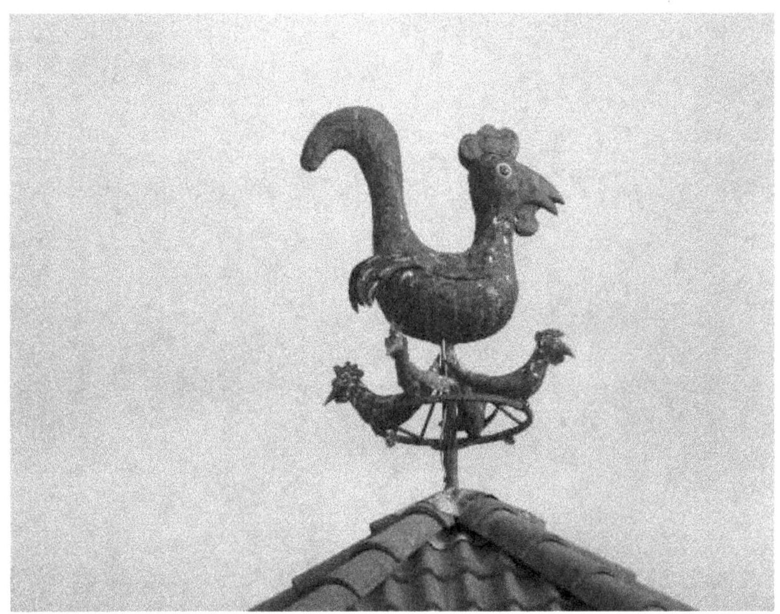

## 28. Tuppen /*Le gallo*/ 1996

**Walter Bengtsson** (1927–1998)

Egils gränd 117, Stenåsa, på tvättstugetaket
*Egils gränd 117, Stenåsa, sur le tecto al lavatorio commun*


Tillhör Göran Lindebergs Fastighetsförvaltning
*Pertine a Göran Lindebergs Fastighetsförvaltning*

**Se mer i nr 2, 13**
***Vide plus in no 2, 13***

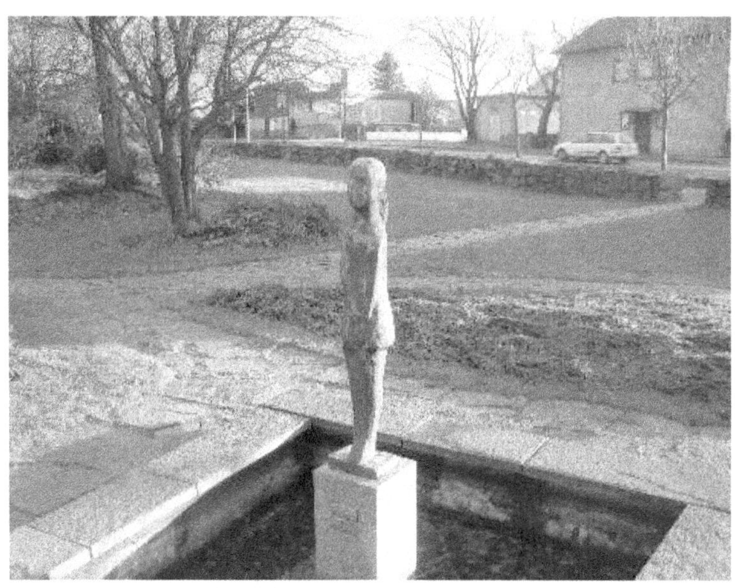

## 29. Ung flicka /*Juvene puera*/ 1968
brons / *bronzo*

Östergården, Träslövsvägen 8

**Åke Jönsson** (1921–1992)

Han utexaminerades från Högre konstindustriella skolan 1944 och studerade vid Kungliga Konsthögskolans skulpturskola 1944–49 för Eric Grate. Han var lärare vid Valand 1953–61. Han var medlem i Arildsgruppen och Konstnärernas Samarbetsorganisation (KSO) samt (KRO).

*Ille esseva examinate al Schola superior de Arte Industrial 1944 e studiava pro Erik Grate al schola sculptural del Schola superior regal de Arte 1944–49. Ille esseva instructor del Schola Valand 1953–61. Ille esseva membro del Gruppo de Arild, KSO e KRO.*

**Några andra offentliga verk/**
*Alcun altere obras public*
Törst/*Sete* (1958), brons, Esplanaden i Huskvarna
Lachesis (1962), Majorslunden i Borås
Tre italienskor (1964), brons, Junegården i Jönköping
Sto med föl/*Cavalla e pullo* (1971), brons, Karlsrobadet i Eslöv
Solenergi/*Energia solar* (1975), rostfritt stål och emaljerad plåt,
affärscentrumkvarteret Sten, Unionsgatan i Kävlinge
Myran/*Formica* (1976), brons, Tuve torg, Tuve-Säve
Bönsyrsa/*Mante* (1987), brons, Tivoliparken i Kristianstad
Lantmannaskolan, Svalöv
Flicka med slöja/*Puera con velo*, brons 1955, Teaterparken i
Landskrona
Reliefer i Oxelösunds kyrka
Granitskulptur, utanför Göteborgs stadsbibliotek
Fasadutsmyckningar på Ystads Konstmuseum

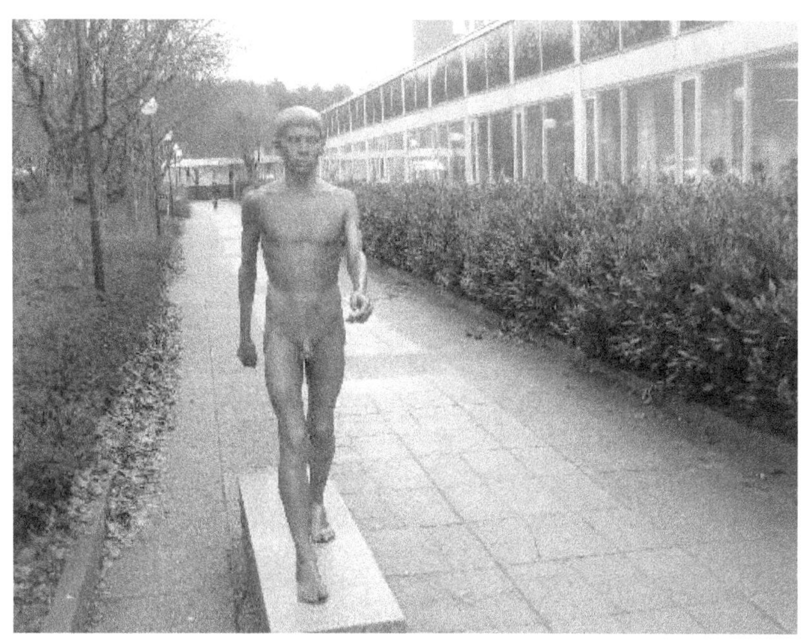

**30. Jüngling von Naims (Änkans son i Nain) /**
*Juvene puero de Naims (Nain)*
brons / *bronzo*

**Hanspeter Widrig** Tyskland

f. 1945 i Tyskland/*nascite 1945 in Germania*

Syftar på "Änkans son i Nain" som återuppväcktes från det döda av
Jesus. Se Luk. 7:11-15.
*Allude al filio del vidua de Naims (Nain) qui esseva facite renascite per*
*Jesus. Vide Evangelio de Lucas 7:11-15*

Gången till vänster om Sjukhusets huvudentré
*Le passage al sinistre del entrata principal del hospital.*

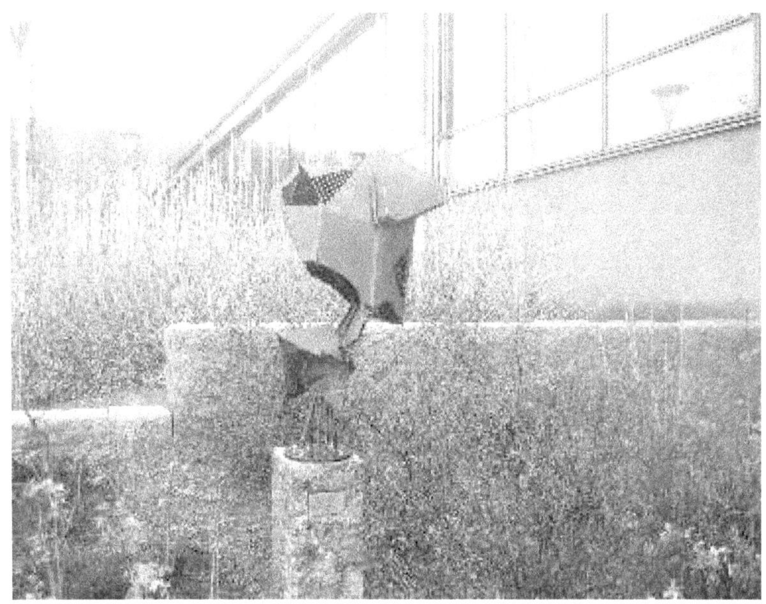

**31. / Månfisken /** *Le pisce del luna* **/1961**
svetsteknik / soldatura

**Lennart A-son**

Sparbankshallens entré vid stora parkeringen
*Le entrata de Sparbankshalllen al parcamento grande.*

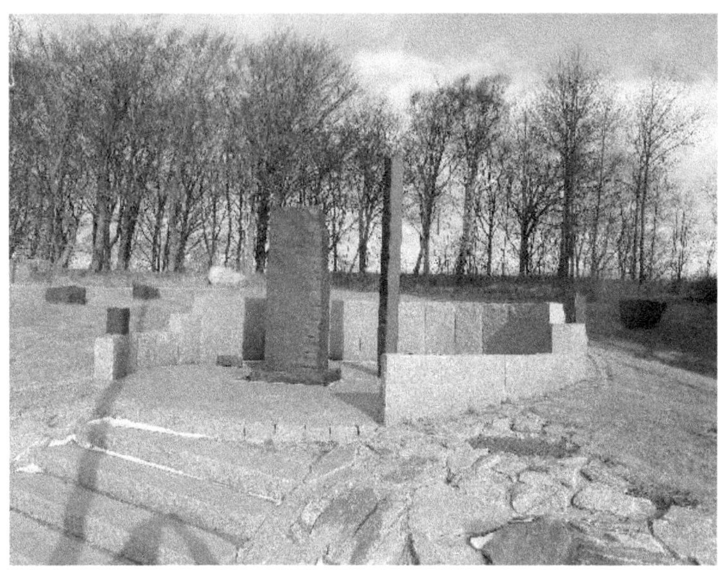

## 32. Svart uppbrott/ *Partita nigre/* 2006

diabas/ diabase

**Roland Ohlsson** f. 1944
Varberg

Söderhöjdsgatan, tvärgata till Södra vägen
*Söderhöjdsgatan, strata transversal de Södra vägen*

Tillhör Varbergs Bostads AB
*Pertine a Varbergs Bostads AB*

Även diabas har tidigare kunnat brytas i Varberg men inte dessa stenar.
*Tamben diabase on ha potite taliar previemente in Varberg ma non iste petras.*
**Se mer i nr 19, 34**

*Vide plus in no 19, 34*

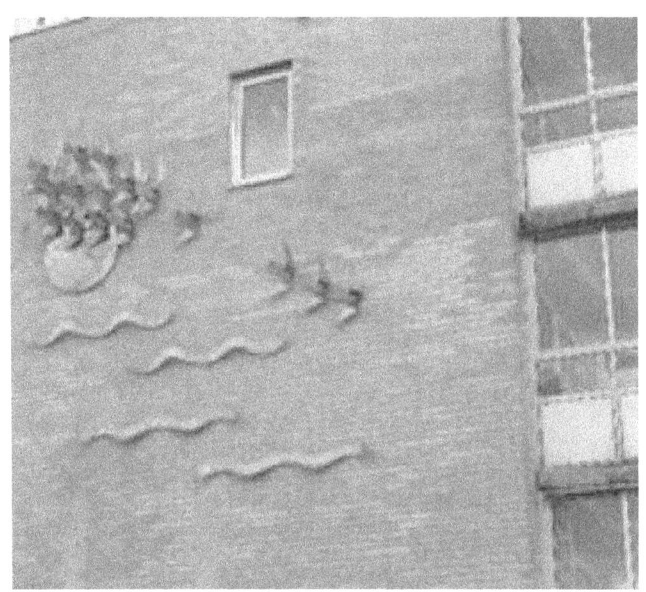

## 33. Flyttfåglar/Återkomsten
*Aves migratori/Le retorno/*  **1992**
rostfritt stål **/** *aciero inoxydabile*

**Rune Malmström** (f. 1929)
Torestorp
Apelvikshöjd, Ranelidsgat. 13
Tillhör Varbergs Bostads AB
*Pertine a Varbergs Bostads AB*
Se även nr 34
*Vide tamben no 34.*

Malmström studerade vid Hovedskous målarskola och Valands
konstskola i Göteborg 1963–1968.

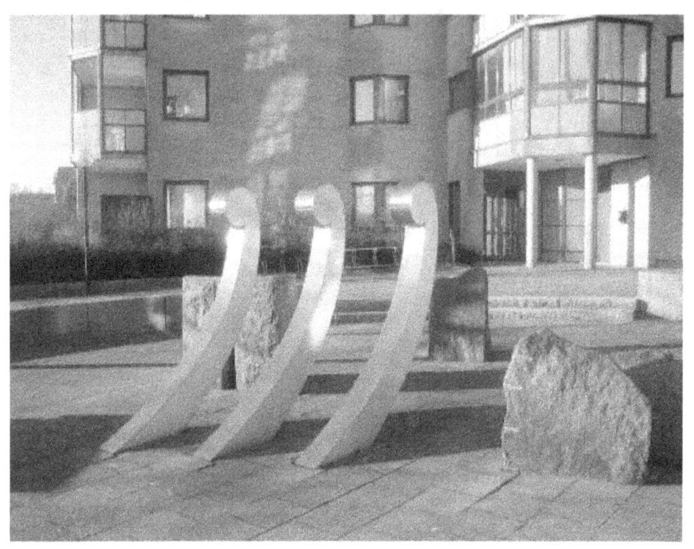

## 34. Vågen / Le unda/

**Roland Ohlsson** f. 1944
stenar/ *petras*
**/och/** *e*
**Rune Malmström**
rostfritt stål och sten/ *aciero inoxydabile och sten*

Rullstensbacken 1 - 3, (Breared)

Tillhör Varbergs Bostads AB
*Pertine a Varbergs Bostads AB*
Inspirerad av dikten "Vågen" av Ture Isaksson
*Inspirate per le poema "Le Unda" per Ture Isaksson*

**Se mer i nr 19, 34**
*Vide plus in 19, 34*
Malmström har även gjort nr 33
*Malmström tamben ha facite no 33*

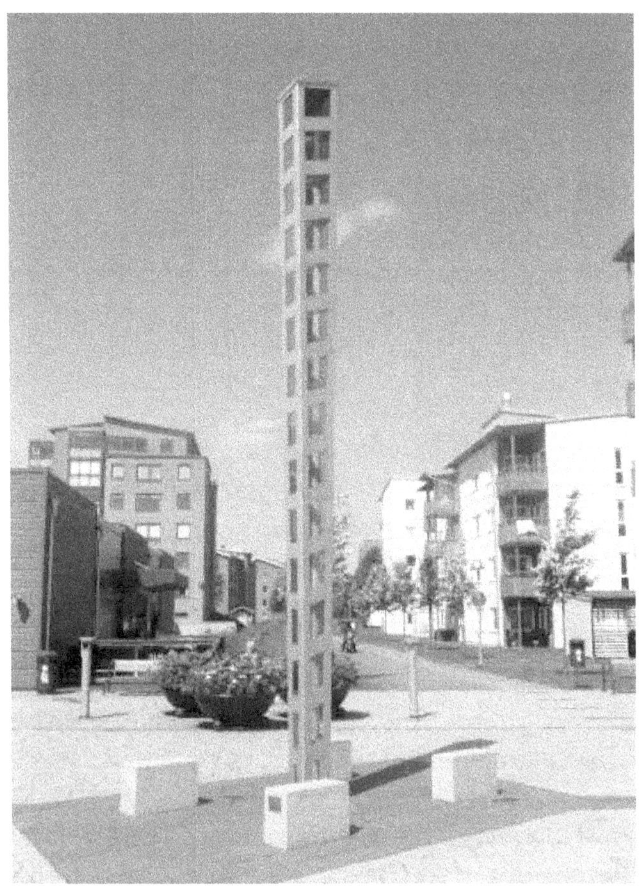

## 35. Tidsåldrar /*Epochas* 2009

Rostfritt stål och laminerade glas/ *aciero inoxydabile e vitro laminate*

Breareds torg, beställare Statens Konstråd/Varbergs kommun 2009

"Tidsåldrar" består av en 7,5 meter hög konstruktion i rostfritt stål och laminerade glas. Femton skikt är staplade på varandra, med öppningar för gula, gröna och ofärgade glas. Skulpturen är belyst inifrån av en uppåtriktad spotlight.

*Epochas consite de un construction, 7,5 m alte, in aciero inoxydabile e vitros laminate. Dececinque stratos es pilate le un super le altere con aperturas pro vitros jalne, verde e incolorate. Le sculptura es illuminate ab le interior per un spotlight dirigite in alto.*

**Pia Hedström**, f.  1960 i Kapstaden, Sydafrika

Pia Hedström har bland annat studerat vid/*Pia Hedström ha i.a. studiate a* Valands konsthögskola 1984–1990.

**Några andra offentliga verk/**
*Alcun altere obras public:*

Eldslåga/*Flamma*. Stål, glas, ljus. Räddningstjänsten Kallerstad, Linköping. Beställare Linköpings kommun och Lejonfastigheter. 2011

Uppskjut II/*Lanceamento*. Skanskas huvudkontor, huvudentrén, Göteborg. Beställare Skanska Fastigheter AB. 2005

Figur och tecken/*Figura e signo*. Polykarbonat och ljus. Ungdomens hus Partille. Beställare Partille Kommun. 2005

Beskyddare av labyrintens hemlighet/*Protector del secreto del labyrintho*. Betong och polykarbonat. Kungsbacka skulpturpark. Beställare Kungsbacka kommun. 2003

RymdConfetti/*Confetti del spatio*. Stål, glas, ljus och betong. Ullevigatan / Dämmeplatsen, Göteborg. Beställare Skanska Fastigheter AB. 2000

# Kartor - Mappas    No 1-25, i centrum /*in*
## *le centro del citate*

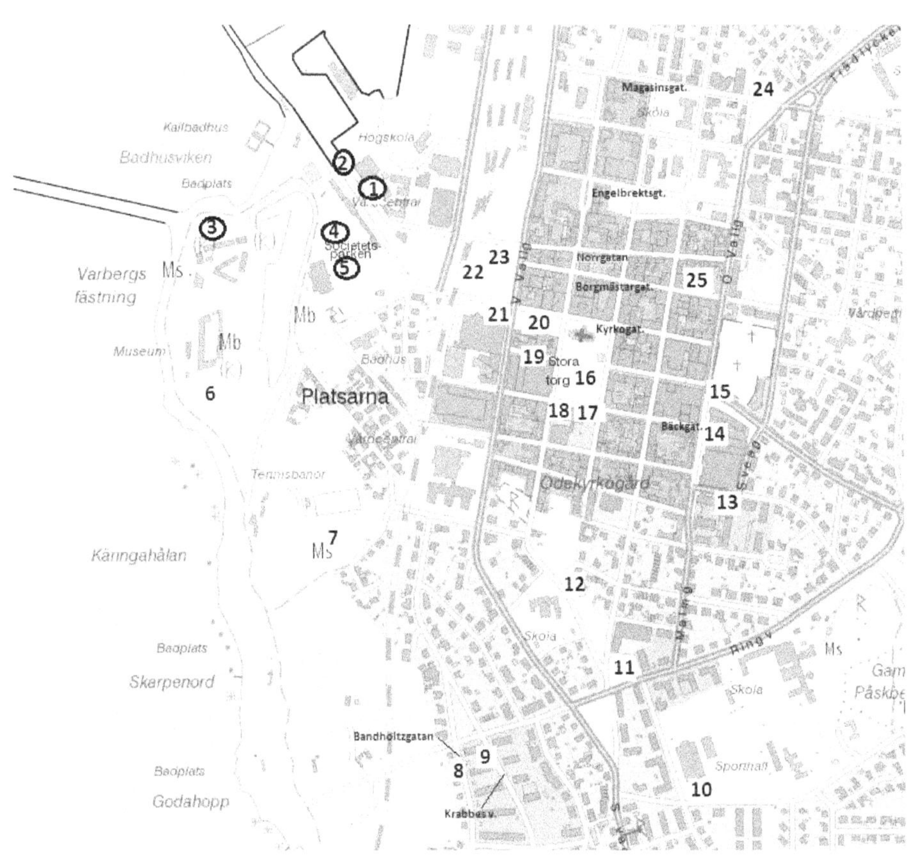

# 13- 21  Torgområdet/ Le area circum le placia

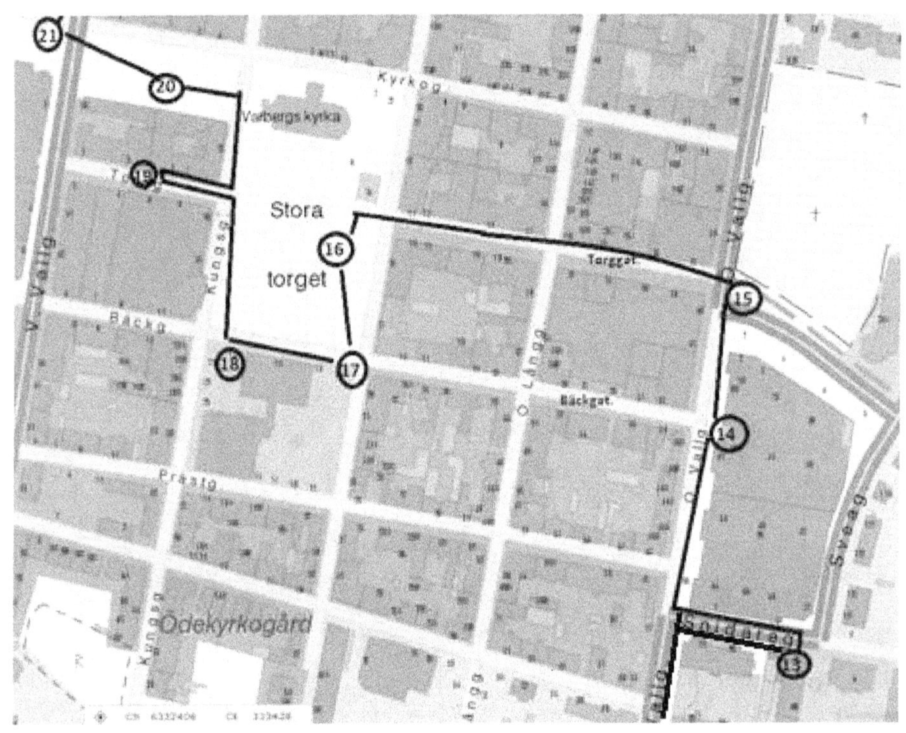

# Nr 26-28 S:t Jörgen och Egils gränd

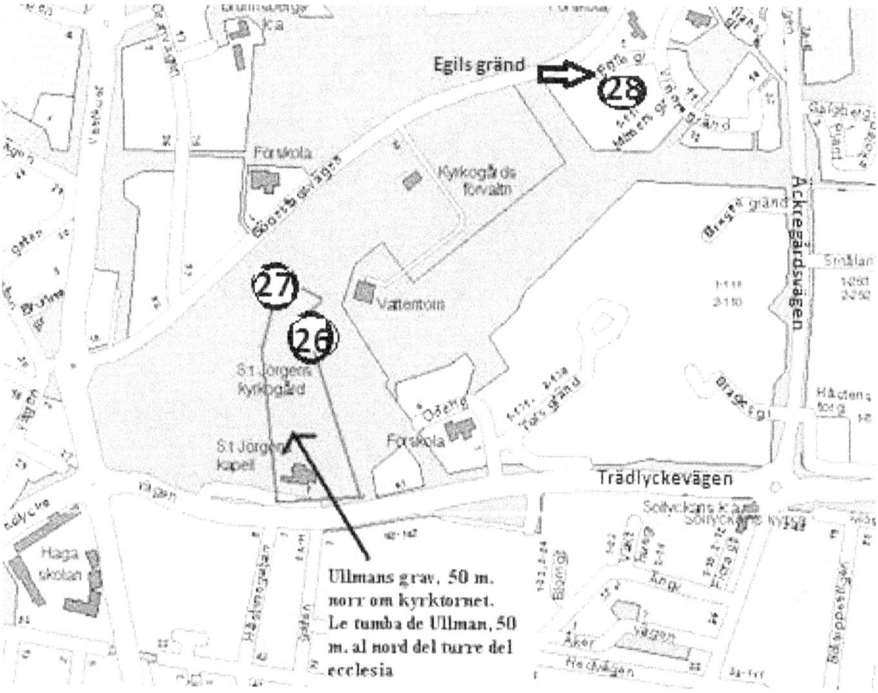

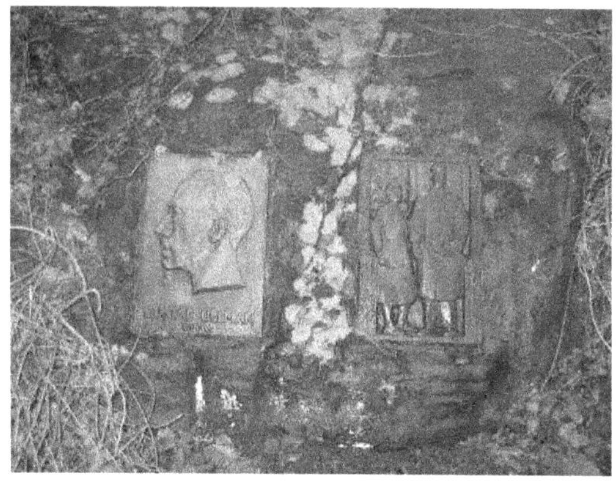

## Ullmans gravreliefer
## /*Le relievos del*
## *tumba de Ullman*

# 29-31 Öster

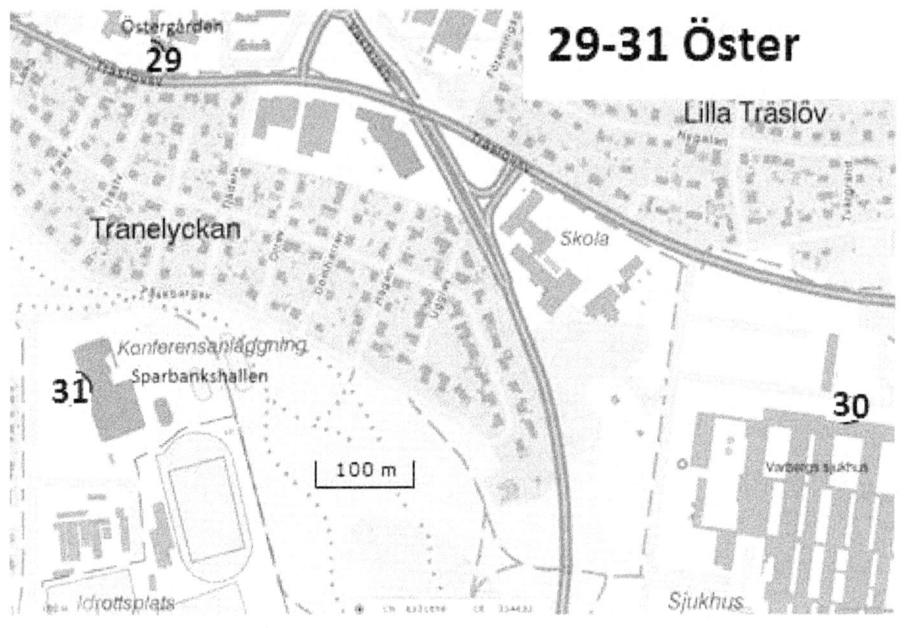


# 32-35 Söder

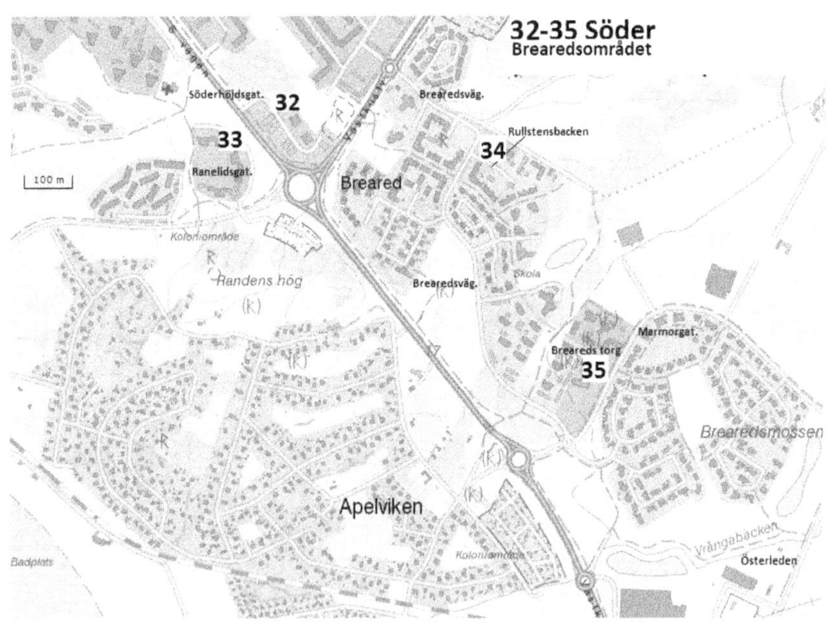

www.ingramcontent.com/pod-product-compliance
Lightning Source LLC
La Vergne TN
LVHW010703200726
843507LV00011B/1992